次、どこ行く？
星野リゾートをめぐる母娘旅

中村江里子

扶桑社

星のや軽井沢(p.14)／お部屋着の作務衣で館内の小道をお散歩

母との旅は、
大切にしたい時間です

　「あのね、今度の母娘旅、○○になりそうなのだけれども日程大丈夫？」
と電話口の母に尋ねると声のトーンが上がって、
　「まあ、すぐにスケジュール確認するわね！！」と。
　パリにいる私の元にまで母の"楽しみ〜〜〜〜〜"という心弾んでいる様子が届きます！！
　母と私が初めて二人だけで旅行をしたのは、私が20代の頃フランスへ。
　かなり遅い私の夏休みに合わせて、母が仕事を調整してくれて一緒に旅行をしました。よく歩き、よく食べ、道に迷ったり、ただ見たかっただけなのに超高級宝飾店でVIPルームに通されてしまい青くなっている私を横目に、「大丈夫よ！！　いざとなったら買えないことはないから！！」と啖呵をきる母を頼もしく思ったり（笑）。
　思えば、当時の母の年齢は今の私より1、2歳若いくらい。今の私に、そんな頼もしい発言ができるかどうか??（笑）
　日常を離れての二人の時間は、いつも以上にいろいろな話をして、お互いの変化を感じ、とてもとても愛おしい時間なのです。
　フランスへの二人旅以降、子どもたちや仕事のこともあり、母娘旅なんて考えたこともありませんでした。

　それが思いがけず、私のパーソナル・ムック『セゾン・ド・エリコ』で"母娘旅"の企画が決まって、日本各地の星野リゾートをめぐる、なんとも素敵な機会に恵まれることになりました。

　2014年の創刊時から、それは母と私の"大切な時間"の一つとなったのです。行く先々でその土地に根付いた体験やサービスを受け、地元の食材を使ったお食事をし、日本再発見の旅ともなっています。

　再度二人で訪れた施設もあります。大切な母がとてもうれしそうで……。こういう時間を持てることに感謝しながら、まだまだ"母娘旅"を続けたい!!

　「ねえ、ママ、次はどこに行きたい？」

　もしかしたら、どこかで私たちのように母娘旅をしている方とお会いすることがあるかも。

　想像するだけで楽しい！

　この本が皆さまの素敵な旅の強力なサポーターとなりますように……。

中村江理子

星のや軽井沢(p.14)／客室のテラスより。
眼下には棚田につながる美しい水辺が

Contents

4 母との旅は、大切にしたい時間です

Part 1 HOSHINOYA 星のや

14 星のや軽井沢〈長野・軽井沢〉HOSHINOYA Karuizawa

20 星のや東京〈東京・大手町〉HOSHINOYA Tokyo

26 星のや富士〈山梨・河口湖〉HOSHINOYA Fuji

32 星のや京都〈京都・嵐山〉HOSHINOYA Kyoto

38 星のや沖縄〈沖縄・読谷〉HOSHINOYA Okinawa

44 星のや竹富島〈沖縄・竹富島〉HOSHINOYA Taketomi Island

50 星のやグーグァン〈台湾・台中〉HOSHINOYA Guguan

54 星のやバリ〈インドネシア・バリ・ウブド〉HOSHINOYA Bali

56 Column 娘との旅は、毎回とても楽しみにしています──中村千惠子

Part 2 KAI 界

62 界 ポロト〈北海道・白老温泉〉KAI Poroto

64 界 津軽〈青森・大鰐温泉〉KAI Tsugaru

65 界 秋保〈宮城・秋保温泉〉KAI Akiu

66 界 鬼怒川〈栃木・鬼怒川温泉〉KAI Kinugawa

67 界 アルプス〈長野・大町温泉郷〉KAI Alps

68 界 松本〈長野・浅間温泉〉KAI Matsumoto

70 界 奥飛騨〈岐阜・奥飛騨温泉郷〉KAI Okuhida

71 Column 旅の楽しみ1 温泉の入り方

72 界 加賀〈石川・山代温泉〉KAI Kaga

74 界 箱根〈神奈川・箱根湯本温泉〉KAI Hakone

75 界 仙石原〈神奈川・仙石原温泉〉KAI Sengokuhara

76 界 アンジン〈静岡・伊東温泉〉KAI Anjin

77 界 伊東〈静岡・伊東温泉〉KAI Ito

78 界 遠州〈静岡・舘山寺温泉〉KAI Enshu

80 界 玉造〈島根・玉造温泉〉KAI Tamatsukuri

81 界 出雲〈島根・出雲ひのみさき温泉〉KAI Izumo

82 界 長門〈山口・長門湯本温泉〉KAI Nagato

83 界 雲仙〈長崎・雲仙温泉〉KAI Unzen

84 界 別府〈大分・別府温泉〉KAI Beppu

85 界 由布院〈大分・由布院温泉〉KAI Yufuin

86 界 阿蘇〈大分・瀬の本温泉〉KAI Aso

87 界 霧島〈鹿児島・霧島温泉〉KAI Kirishima

88 Column 旅の楽しみ2 ご当地ならではの体験

90 Part 3 RISONARE リゾナーレ

94 リゾナーレ八ヶ岳〈山梨・小淵沢〉RISONARE Yatsugatake

98 リゾナーレトマム〈北海道・トマム〉RISONARE Tomamu

100 リゾナーレ那須〈栃木・那須〉RISONARE Nasu

102 リゾナーレ熱海〈静岡・熱海〉RISONARE Atami

104 リゾナーレ小浜島〈沖縄・小浜島〉RISONARE Kohamajima

106 リゾナーレ大阪〈大阪・住之江〉RISONARE Osaka

107 リゾナーレグアム〈アメリカ・グアム〉RISONARE Guam

108 Column 旅の楽しみ3 おみやげ選び

110 Part 4 OTHER UNIQUE LODGINGS 個性派ホテル

112 トマム ザ・タワー〈北海道・トマム〉
Tomamu The Tower

113 青森屋〈青森・三沢〉
Aomoriya

114 奥入瀬渓流ホテル〈青森・十和田〉
Oirase Keiryu Hotel

115 磐梯山温泉ホテル〈福島・会津〉
Bandaisan Onsen Hotel

116 軽井沢ホテルブレストンコート〈長野・軽井沢〉
Karuizawa Hotel Bleston Court

117 西表島ホテル〈沖縄・西表島〉
Iriomote Hotel

118 1955 東京ベイ〈千葉・新浦安〉
1955 Tokyo Bay

サーフジャック ハワイ〈アメリカ・ハワイ・ワイキキ〉
Surfjack Hotel & Swim Club

119 嘉助天台〈中国・浙江省台州市〉
KASUKE Tiantai

9

120 Part 5 GOURMET HOTELS 美食ホテル

122 星のや東京ダイニング〈東京・星のや東京〉
HOSHINOYA Tokyo Dining

124 ソノール〈青森・星野リゾート 奥入瀬渓流ホテル〉
Sonore

126 ブレストンコート ユカワタン〈長野・軽井沢ホテルブレストンコート〉
Bleston Court Yukawatan

128 オットセッテ〈山梨・リゾナーレ八ヶ岳〉
OTTO SETTE

130 星のや竹富島ダイニング〈沖縄・星のや竹富島〉
HOSHINOYA Taketomi Island Dining

132 Part 6 OMO（おも）

134 OMO7 大阪〈大阪・新今宮〉
OMO7 Osaka

135 OMO3 京都東寺〈京都・九条〉
OMO3 Kyoto Toji

136 OMO5 京都三条 by 星野リゾート〈京都・三条〉
OMO5 Kyoto Sanjo

137 OMO5 京都祇園〈京都・祇園〉
OMO5 Kyoto Gion

138 OMO7 旭川〈北海道・旭川〉

OMO5 小樽〈北海道・小樽〉

OMO5 函館〈北海道・函館〉

OMO5 金沢片町〈石川・金沢〉

OMO5 東京大塚〈東京・豊島区〉

OMO5 東京五反田〈東京・品川区〉

139 OMO3 浅草〈東京・台東区〉

OMO3 東京赤坂〈東京・港区〉

OMO 関西空港〈大阪・泉佐野〉

OMO7 高知〈高知・高知〉

OMO5 熊本〈熊本・熊本〉

OMO5 沖縄那覇〈沖縄・那覇〉

141 あとがき

142 都道府県別の施設INDEX

星のや軽井沢(p.14)／ここだけで楽しめる素敵な"棚田アフタヌーンティー"。おすすめです！

星のや

DATA
国内6施設、海外2施設（2025年3月現在）
https://hoshinoresorts.com/ja/brands/hoshinoya/
星のや総合予約
TEL 050-3134-8091（9:30〜18:00）

特別な空間でくつろぐ、
リュクスな非日常の滞在

星野リゾートとの最初の出合いは約10年前、

母と訪れた「星のや軽井沢」でした。

「星のや」は滞在型のラグジュアリーリゾートとして、

世界でも注目の宿泊施設です。

選ばれた立地に、その地の風土、歴史、文化を融合した

デザイン性の高い空間を造り、独創的なテーマで、

最上級のおもてなしを提供しています。

チェックインから始まる、非日常の世界。

そこにはちょっとご褒美の素敵な時間が待っています。

小旅行でも心ゆくまで癒されるので、大満足です。

国内の「星のや」はすべて体験しました。

それぞれの特徴と「星のや」らしい滞在が楽しめます。

どこもお気に入りで、家族とともに再び伺った施設もあります。

海外はさすがに1〜2泊の小旅行とはいかないので、

時間に余裕ができたら、ぜひ母と行ってみたいと思っています。

1

2

水辺に集う谷の集落

星のや軽井沢

〈長野・軽井沢〉

HOSHINOYA Karuizawa

1 客室「水波の部屋」からテラスに出ると、美しい水辺の景色が広がる　**2** チェックインではドラや鉦(しょう)で奏でられる音楽でお迎え。季節のウェルカムドリンクとともに、ここだけの滞在へといざなう

●星のや軽井沢は、湯川が流れる星野エリアの谷で、90年以上営まれてきた「星野温泉旅館」を大改築し、「谷の集落に滞在する」をコンセプトとして誕生。創業間もない頃から川の流れで水力発電、温泉の地熱で暖房とサステナブルな取り組みも現在に継承。棚田を流れるせせらぎの水音が響く水辺に客室が並び、自然と調和する陰影をいかした館内照明や路地の魅力とともに、特別な非日常の空間を実現している。

DATA

交通：JR北陸新幹線「軽井沢」駅下車
無料送迎バスで約15分(要予約)
住所：長野県軽井沢町星野
料金：1泊1室￥170,000〜
(税・サ込、食事別)＊2泊〜
IN 15:00　OUT 12:00
https://hoshinoresorts.com/ja/hotels/
hoshinoyakaruizawa/

part1 星のや　|　15

高原の豊かな自然のなかで
ゆったりと時間の流れを感じて

1 谷の集落を流れる川に面した「水波の部屋」。自然を感じてくつろいでほしいと、客室にテレビがないのも特徴　**2** お部屋のテラスでティータイム　**3** 客室から本館への路地を歩くと広がる棚田の風景

はい、ポーズ！
美しい自然を背景に
記念撮影

軽井沢といえば、緑の自然豊かな高原リゾートと親しむエリア。母と私の母校の女子高のキャンプ場があり、二人とも以前は毎年キャンプに来ていた懐かしい場所です。

そんなエリアで訪ねた星のや軽井沢は、滞在型のラグジュアリーな宿泊施設。到着するとまずはレセプションに案内され、エキゾチックな音楽と香り、自然と調和したインテリアが、日常から非日常へといざなってくれます。それぞれが離れになっているプライベート感たっぷりの客室へは専用車で移動。私たちが泊まった「水波の部屋」には広いテラスがあり、川のせせらぎ音や水辺で遊ぶ鳥を見ながら、ゆっくりとお茶を飲んでリラックス。日本にもこんな素敵なリゾートがあることに感動しました。

1 信州の四季の恵みを盛り込んだ「棚田アフタヌーンティー」は1日1組宿泊者限定　2 星野エリア敷地内の野鳥の森でネイチャーウォッチング　3 露天風呂付き「星野温泉 トンボの湯」。施設内には瞑想入浴ができる「メディテイションバス」も　4 トリートメントも充実

「山の朝食」は栄養のバランスも抜群の献立！

5 メインダイニングの「日本料理 嘉助」。夕食には旬の素材をふんだんに使用した「山の懐石」を **6** 朝は体にもいい「山の朝食」が供される

7 ライブラリーラウンジは本がいっぱい **8** セルフのドリンクコーナーもあり、のんびりとここでティータイムを過ごすこともできる

食や温泉、アクティビティ、楽しみ方はいろいろあります

2泊3日で滞在のときは、1日目の夕食が、日本料理のメインダイニング「日本料理 嘉助（かすけ）」。2日目は隣接のフレンチ「ブレンストンコート ユカワタン」（p.126）を予約。どちらも丁寧に作られていて、感激しながら味わいました。
さらに棚田ラウンジのアフタヌーンティーもほんとうに素敵！ このときは、娘も同行し、母娘三代で過ごしました。
　また、お風呂も滞在の楽しみの一つ。客室のヒバの風呂は窓から外の景色が見えて解放感がいっぱい。ほかにも瞑想入浴ができる「メディテイションバス」、星野エリアの「星野温泉 トンボの湯」が利用できて、温泉好きの母は大喜び。
　さらに散策や陶芸ほか、季節のアクティビティもあり、何度訪れてもくつろぎながら、楽しめます。

玄関。ここで靴を脱ぐ。館内やエレベーター、客室はほぼ畳

20 | part1 星のや

世界を魅了する日本旅館
星のや東京
〈東京・大手町〉
HOSHINOYA Tokyo

●旧江戸城の正門、大手門の近くに建つ、星のや東京。江戸時代の参勤交代で全国各地から人が集まり、文化が発展した中心地に、現代に合わせて進化した「塔の日本旅館」として2016年に開業。地下2階、地上17階で地下鉄の出口に直結し、最上階には天然温泉浴場を完備している。日本が誇る"和のおもてなし"を世界にと日本旅館のよさを最大限に工夫された空間は、オフィス街の中心とは思えない雰囲気。東京文化の再発見へといざなう。

1 大手町の中心地、オフィスビルに囲まれた、星のや東京の玄関前。グリーンをあしらった石庭風のデザイン **2** 和紙の照明が優しいフロントは2階。ラウンジとショップ、講堂・畳の間がある

DATA
交通：JR東京駅丸の内北口出口より徒歩約10分、東京メトロ大手町駅A1・C2c出口より徒歩約2分
住所：東京都千代田区大手町1-9-1
料金：1泊1室¥182,000〜
（税・サ込、食事別）
IN 15:00 OUT 12:00
https://hoshinoresorts.com/ja/hotels/hoshinoyatokyo/

1

くつろぎの工夫に感激！
居間のような「お茶の間ラウンジ」

実家が東京なので、東京で泊まるということがとても新鮮。しかも都心に、ホテルではなく日本旅館なのです。

まず玄関に入ると、一瞬で和の別世界に。オリジナルのお香に包まれながら靴を脱いで館内に入ると、現代ならではの日本旅館スタイルにワクワク！ 心地よい畳の感触と日本文化をモダンに表現したデザインに魅了されました。

母も「仕事場である銀座の近くにこんな旅館があるなんて！」とびっくり。

客室もスタイリッシュでありながら、障子になつかしさを感じ、畳向けの低いソファでくつろげます。さらにフロアごとに「お茶の間ラウンジ」があり、お茶やコーヒー、おやつなどを自由にいただけるのです。私も母もこの場所がと

2

ても気に入って、長時間ここでおしゃべりをしていました。母は「江里子と妹、弟家族みんなで集まって、1フロアにお泊まりもいいかも」と。私は、この滞在後、すぐに友人と子連れ女子お泊まり会を企画し実施したのでした（笑）。

1 最も広い約80㎡の客室「菊」。床は畳。障子をはじめ伝統様式を取り入れ、寝具は布団のような寝心地にこだわったオリジナル　2 外観の麻の葉くずし柄の鉄格子が結界となり、窓の外のオフィスビルとは別世界　3 各フロアにあるお気に入りの「お茶の間ラウンジ」　4 エレベーターを降りて客室に続く廊下も畳　5 インルームダイニングも充実。朝食は予約制で和食(写真)、洋食が選べる

part1 星のや | 23

17階にある大浴場は地下から湧き出た塩化物強塩温泉「大手町温泉」

1 アクティビティの一つ「天空朝稽古」。東京ならでは絶景で木刀を使ったストレッチと深呼吸を **2・3** ほかに香道や茶の湯体験も

星のや東京ならではの
体験は楽しさいっぱい！

滞在中には、日本文化を体験したり、体を整えたりすることができます。

「今様香り合わせ」では感覚を研ぎ澄まして、かすかな香りを聞き、香りを当てる香道体験ですが、これがなかなか難しく…。でも集中することで日常から切り離される感覚に。

体を調えるトリートメントや深呼吸法、ストレッチメニューもあります。

　玄関前から人力車で江戸と東京の時代を駆け抜ける体験は、街を知り尽くした車夫の方の案内で進行。大手町の新たな魅力発見になりました。

　温泉は、最上階。露天風呂もあって空を見ながらお湯につかれるのがほんとうに気持ちよかったです。温泉好きの母も「体が温まるのがとても早いお湯」と喜んでいました。

　夕食は地下のダイニングへ。こちらはp.122をご覧ください。ほかでは味わえない、日本料理とフレンチの融合した創作料理が堪能できます。

4 都心の空が抜ける露天風呂　5 温泉で温まったら、オイルトリートメントがおすすめ　6 人力車でめぐると、今まで気が付かなかった東京の観光地としての魅力を実感

part1 星のや | 25

1

河口湖を望む、グランピング

星のや富士
〈山梨・河口湖〉
HOSHINOYA Fuji

26 | part1 星のや

1 キャビン（客室）のテラスでいただける朝食「モーニングBOX」（要予約）　2 河口湖を眺められるように建てられたキャビンの外観

●河口湖を望む丘陵に溶け込むように建つ、星のや富士は、ラグジュアリーで快適なサービスを受けられるキャンピングスタイルの宿泊施設・グランピングとして日本で初めて2015年に開業。樹海などの大自然を満喫できるグランピング・リゾートになっている。キャビン（客室）は富士山麓と河口湖が見せる景観と、移り変わる自然を楽しむために1/3のスペースをテラスリビングに設計、共有スペース「クラウドテラス」とともに四季を通じて利用できる工夫をこらしている。

DATA

交通：車で河口湖ICから約20分
住所：山梨県南都留郡富士河口湖町大石 1408
料金：1泊1室 ¥135,000〜
（税・サ込、食事別）
IN 15:00 OUT 12:00
https://hoshinoresorts.com/ja/hotels/hoshinoyafuji/

part1 星のや | 27

大人も子どもも
自然と触れあえる工夫に感激！

パリから来日する友人一家とわが家5人の総勢10名の旅を企画することになり、日本の素晴らしい自然を感じてもらいたくて選んだのが、星のや富士です。この施設だけ母ではなく、家族と訪れた滞在をご紹介します。

まずはレセプションで、滞在に必要な双眼鏡やヘッドランプなどの七つ道具を入れるための好きなリュックを選び、それを背負って木立を歩きます。

キャビン（客室）は河口湖に面していてその美しさに大感動。友人たちに世界遺産である富士山麓の自然を間近で見てもらえたのもうれしかったです。

共有スペース「クラウドテラス」は大人も子どもも思い思いに過ごせる場所。大人が「焚き火ラウンジ」でくつろぐ間に子どもたちは林を探検したり、ハンモックで遊んだり、大騒ぎでした。

1 レセプションには、色やデザインを選べるリュックがディスプレイ **2** グランピングの七つ道具が入ったリュックを背負って木立の中を歩く **3** 赤松の森に囲まれた「木漏れ日デッキ」 **4** 木陰のハンモックで自然を感じながらお昼寝するのも気持ちいい

全室河口湖ビュー。春は桜、夏は新緑、秋は紅葉、冬は雪景色の絶景

5 ライブラリーカフェで本を選び、寝袋ベッドで読書も楽しい **6** 夜の「クラウドテラス」は「焚き火BAR」に。雰囲気最高で話も弾む

グルメもアクティビティも 大自然のなかで！

星のや富士では、グランピング・リゾートを満喫してほしいと、大自然を感じるメニューが用意されています。

　お食事はやはりアウトドアが中心。朝食はキャビンのテラスでいただき（p.26）、昼食は森のなかで石窯ピザをみんなで作って焼きました。夜は「グリルディナー」や「ジビエディナー」も味わえます。きれいな空気の自然のなかでの味わう料理は格別！

　アクティビティはさらに大感動。神秘的な樹海をめぐる「樹海モーニングツアー」、河口湖でカヌーを漕ぐ「湖上の早朝カヌー」など、富士山麓だけの体験が揃っています。私たちはみんなでカヌーに挑戦。朝日が輝く湖面を富士山に向かって漕ぐカヌーは、ほんとうに気持ちよかった！ なかなかできない体験ばかりでも私たち家族、友人家族にとって素晴らしい思い出になりました。

1・2「クラウドテラス」では午後のひととき、マシュマロやバウムクーヘンを焚き火で焼くスイーツBBQを設置　3「樹海モーニングツアー」は国の天然記念物指定の青木ヶ原樹海と溶岩洞窟を知り尽くしたガイドさんが案内してくれるので安心　4 カヌーは初心者でもOK。指導を受けてから湖面に

「湖上の早朝カヌー」
運がいいと湖面に映る、
逆さ富士にも出合える

part1 星のや | 31

1

2

嵐山と大堰川の雅な四季を纏う

星のや京都
〈京都・嵐山〉

HOSHINOYA Kyoto

1 専用の船で約15分、大堰川を遡ると星のや京都に到着　**2** 渡月橋そばの船着き場。そばに舟待合があり、スタッフが誘導してくれる

●かつて平安貴族が別邸を構えた京都・嵐山。1000年の時が流れた今も、四季を通じて美しい自然が、訪れる人を魅了する。嵐山の象徴、渡月橋から専用の渡し船に乗り、大堰（おおい）川を遡ると現れるのが「水辺の私邸」、星のや京都。歴史と伝統を感じ、趣きのある快適性を備えた佇まいは、憧れの宿としての人気を誇る。年月を重ねた雅な雰囲気のなか、入念に手入れされた客室や庭とともに最上級のおもてなしを提供。

DATA

交通：阪急嵐山駅より徒歩約10分／車で京都南ICより約30分
住所：京都府京都市西京区嵐山元録山町11-2
料金：1泊1室¥193,000〜（税・サ込、食事別）
IN 15:00 **OUT** 12:00
https://hoshinoresorts.com/ja/hotels/hoshinoyakyoto/

part1 星のや | 33

1 枯山水を模した「奥の庭」。朝の深呼吸などを開催 2 フロント前の水の庭。ウエルカムの演奏が心地よい
3 船着き場から上がると客室が並ぶ庭路地が 4 玄関からの眺めの美しさに思わずため息

34 | part1 星のや

5

自然と伝統美、現代の快適さが魅力の星のや京都へ

母も私も京都は何度も訪ねていますが、京都のなかでもとりわけ美しい自然が残る嵐山での滞在は格別です。

　専用の渡し船から見える川辺に遊ぶ鳥に癒され、気持ちいい川風に吹かれて15分、風雅な和風建築が現れます。清々しく整えられた路地を歩き、川に面した客室に。窓から見える山並みや木々にまた心が浮き立ちます。

　お部屋は古くから受け継がれてきた日本建築の意匠をそのままに現代の快適性を加え、落ち着いた空間です。時計もテレビもなく、川のせせらぎや鳥のさえずりを聞きながら、時間を忘れて過ごすという贅沢が味わえます。

　また、季節の野菜をおだしでいただく名物の「朝鍋朝食」も締めのお雑炊まで、お部屋でゆっくり味わいました。

5 どの客室からも大堰川や小倉山が望める。床の間には季節の花。日本の美を感じる美しい居間　6 寝室は心地よいベッド。窓辺にはくつろぎスペースが。お風呂の浴槽はヒバで、肌に優しい水質　7 体や胃腸にやさしい「朝鍋朝食」は、開業以来人気のメニュー

京都だからこその特別体験、日本の伝統や食文化に触れて

伝統と季節を感じる客室では、枕香を手作りして香りを楽しんだ後おみやげに、写経もできたり、いつもと違う時間を楽しみました。

またライブラリーの奥、大堰川に面した「空中茶室」で、野点で茶の湯を体験。ほんとうに空中に浮かんでいるかのようなテラスで、端正な和菓子や干菓子と薄茶をいただくと心身から幸せな気分に。聞香(もんこう)や京の家元に学ぶ華道などの体験もできます。

食事は部屋着のままダイニングへ。京都で育まれた伝統的な日本料理を大切にしながら、海外の技法や食材を取り入れた料理長こだわりの会席料理「真味自在」をいただきました。

母と楽しんだ滞在の話を家族にしたら、ぜひ行ってみたいとなり、数年後の夏休みに夫と3人の子どもと一緒に伺いました。星のや京都オリジナルの屋形舟で舟遊びをして楽しんだことも、今はいい思い出の一つです。

1 香原料を選び、好みの西陣織の袋に入れて口を結び、枕元へ。帰るときはおみやげになる「枕香」 **2** かすかな香りを楽しむ「聞香」体験 **3** 車海老の油霜に洋梨と酪を合わせた、先附「醍醐和え」。「真味自在」を代表するほかにはない逸品

4 峡谷側にせり出すように作られたウッドデッキスペースの「空中茶室」　**5** 茶碗と茶筅などの茶道具が1人用に揃えられた、星のや京都オリジナルの野点籠（のだてかご）　**6**・**7** 抹茶は自分で点てて至福の一服に。絶景と自然の風を感じながらいただくお茶は格別

part1 星のや ｜ 37

海と沖縄文化に親しむ
絶景リゾート

星のや沖縄
〈沖縄・読谷〉

HOSHINOYA Okinawa

●沖縄の読谷村の海岸線に寄り添い、全室オーシャンフロント、一年中利用可能なインフィニティプールを備えた沖縄最高峰のリゾート、星のや沖縄。「グスク(琉球時代の城跡)の居館」をコンセプトに、約1kmにもわたる自然海岸が続く沖縄屈指の海岸線に沿って、2階建ての客室が立ち並ぶ。海との一体感が格別で、歴史や文化を感じながら快適な沖縄の贅沢を集めた空間に滞在できる。琉球文化に寄り添う豊富な体験アクティビティや地元の食材をふんだんに使ったお食事にも注目。

南国情緒にあふれる
ハイビスカスにワクワク！

1・2 海に面し、ラグジュアリー感にあふれたインフィニティプール

DATA
交通：那覇空港から車で約1時間
（空港リムジンバスあり＜有料・要予約＞）
住所：沖縄県中頭郡読谷村儀間474
料金：1泊1室¥170,000〜
（税・サ込、食事別）
IN 15:00 OUT 12:00
https://hoshinoresorts.com/ja/hotels/hoshinoyaokinawa/

母と次女と親子三代で沖縄のラグジュアリーリゾートへ

夏休みで来日していた次女も母娘旅に参加して、訪れたのは、沖縄の読谷(よみたん)村の海岸線に建つ、星のや沖縄です。どこまでも青い空とそれに溶け込むような海の色、開放感にあふれる立地と雰囲気に大感激しました!

フランスで水泳をしている娘のお目当てはプール。ふだんは室内プールで泳いでいるので、海を見ながら太陽の下で泳ぐには最高のシチュエーション。インフィニティプール(p.38)は泳ぐだけでなく、くつろげる場所としても、癒やされます。

客室に案内されると、大きな窓の向こうに青い海が広がっていました。海の色は時間とともに刻々と変わり、飽きずに眺めていられます。

私たちが滞在した「フッシ」というお部屋は、リビングとベッドルームのほかに、土間ダイニングがあるのが特徴。ここで夕食や朝食をとれるので、家族水入らずの団欒ができました。

1 隣接する、国内最大級の海カフェ「バンタカフェ by 星野リゾート」 **2** 冷蔵庫やオーブンレンジ付きの「土間ダイニング」。暮らすように滞在できる **3** ベッドルームには琉球紅型(びんがた)の壁紙。カラフルながらも落ち着く雰囲気 **4** 作務衣風のルームウェアで、リビングにておしゃべりタイム **5**「土間ダイニング」で味わえる「ギャザリングディナー」は沖縄料理など30種類以上から選べる

日没のときにできる
光の道、絶景です！

空と海の色の変化に思
わず写真を撮りたくなる、
夕景の美しさ

part1 星のや | 41

1 ヤシの木が並ぶお庭を散策　2 宿の敷地は美しいグスクウォールに囲まれている　3 メインダイニングの「琉球ガストロノミア〜Bellezza〜」で供される一例。牛フィレ肉の月桃包み焼き。沖縄の教え「クスイムン」から着想を得た食事がもたらす美をコンセプトにした料理のコース

4 メインダイニング内観　5 沖縄特有の食材を使用、相性のいいイタリアの料理法を用いて、星のや沖縄だけの健康へと導く独創的なコース料理を提供している　6 海風が抜ける「海辺のテラス」で、おしゃべりタイム　7 煎り米を煮出した湯とさんぴん茶を泡立てた伝統茶の「ぶくぶく茶」　8・9 「琉球空手」や「三線（さんしん）」の手習い体験も好評

トロピカルなドリンクやスイーツにテンション♪

琉球文化に触れて嗜むひととき

広大な敷地は、お散歩にも事欠きません。海岸線を歩き、「バンタカフェ by 星野リゾート」に行けば、海風を感じる「海辺のテラス」や波に削られた大きな岩に囲まれる「岩場のテラス」など、4つのエリアがあります。

そのつど、のんびり椅子やロッキングチェアでお休みしながら過ごせます。

メインダイニングでいただく夕食は、医食同源と健やかな美を取り入れた「琉球ガストロノミア～Bellezza～」を堪能しました。

琉球文化に親しむ体験もいろいろ用意されています。母が楽しみにしていたのは、島の手習い「歌三線」。1時間で演奏できるようになりたいとチャレンジしましたが、そう簡単ではなく、母も私も必死にレッスンすることに（笑）。

星のや沖縄の旅は、沖縄の文化に触れ、絶景に感動、プールを満喫し、宿からまったく出ることなく、滞在を楽しみました。親子三代のかけがえのない思い出ができてよかったです。

1 琉球赤瓦の屋根と、珊瑚石の手積み石垣の竹富島伝統建築が特徴の客室棟 2 散歩に最適、宿からすぐ行ける「アイヤル浜」の海岸

ゆったりと、島時間の休日

星のや竹富島

〈沖縄・竹富島〉

HOSHINOYA
Taketomi Island

●沖縄の石垣島から船で約10分。珊瑚礁が隆起してできた竹富島にあるリゾート。沖縄の原風景が残る暮らしに寄り添い、島の伝統を守った木造一戸建てで赤瓦の屋根の客室が並ぶ小さな集落という風情。客室のデザインはもちろん、魔除けのために曲がりくねった路地やシーサーの置物など、こまやかに気が配られている。島の歴史や文化の話に耳を傾けながら、島民になった気分で島時間を過ごせるアクティビティも揃う。

DATA

交通：石垣離島ターミナルよりフェリーにて約10分、竹富港より送迎バスで約7分
住所：沖縄県八重山郡竹富町竹富1955
料金：1泊1室 ¥147,000〜
（税・サ込、食事別）
IN 15:00 **OUT** 12:00
https://hoshinoresorts.com/ja/hotels/hoshinoyataketomijima/

part1 星のや | 45

離島ならではの
ゆったり、島時間滞在

美しい碧い海と広く澄んだ空、沖縄の離島で大人がゆったりのんびり過ごすには秋から冬にかけてこそだといいます。私たちが訪れたのも10月のこと。

沖縄・八重山諸島にある竹富島は、東京から石垣島までは飛行機で、そこからは高速船で約10分。そこには大自然と琉球赤瓦の集落が待っていました。

客室は一部屋ずつが独立した伝統建築の一棟建てで、白砂のお庭付きの平屋です。広々とした縁側があって、子どもの頃に遊んだ場所のような、どこか懐かしさを感じました。

そして八重島諸島にゆかりある天然のもので施される「島時間スパ」を体験。庭で摘んだハーブで飲むお茶や地元の食材を使ったお食事などをいただいているうちに、心身が内側から元気になってくることを実感します。

1 玄関がなく、出入りは縁側から。ここで暮らしている気分に **2** 軒先にハンモックも **3** 部屋の中央にバスタブというユニークな造り。リビングも心地よい

4 緑の庭が広がる開放感あるスパルームが気持ちいい　**5** 島の食材を組み入れた朝食「畑人の朝ごはん」　**6** おきなわ伝統的農産物の一つ、にーぶい草や、月桃などをブレンドし、ハーブティーに　**7** 通年24時間利用できるプール

part1 星のや | 47

島時間の休日は "早起き"がキーワード

宿からすぐ行ける「アイヤル浜」は朝日が昇る海岸です。母は朝日や夕日を眺めるのが大好きで、旅先で見ることができる場所であれば、必ず出かけていくほど。そして滞在2日目の朝は、日が昇るのを見て、深呼吸。早起きをしたご褒美のようなパワーをいただきました。

　もう一つ、竹富島の朝の時間のお楽しみが、水牛車での散歩です。水牛の歩みはほんとうにゆっくりで、奏でられる三線の音色とともに私たちもおのずとゆったりとした気分に。日常の慌ただしい朝とは真逆の時間が過ごせます。

　昼間は竹富島伝統の手仕事を体験。おじいの教えでゴザを作りました!

　夜はまるでプラネタリウムのような満天の星空の下で、寝る前の深呼吸。

　ディナーの島野菜たっぷり「島テロワール」(p.130)にも大満足です。

1「てぃんぬ深呼吸」。夕食後、プールサイドで行われる深呼吸&ストレッチ。てぃんぬとは「天の」という意味。そのまま星空観賞も。天の川ってほんとうにあるんだな〜と感動　2 まだ観光客が少ない朝の時間、白砂の道を星のや専用の水牛車で町を散歩。途中で三線の演奏も楽しめる　3 おじいとおしゃべりしながら手仕事体験　4 朝日が昇った海岸で、朝の深呼吸&ストレッチ。気持ちいい!

夕日を見に、島の西側
「コンドイ浜」へ。その美
しさに二人で大感動

part1 星のや | 49

台中のラグジュアリー
温泉リゾート

星のや
グーグァン

〈台湾・台中〉

HOSHINOYA Guguan

●台湾・台中の秘境といわれる地、3000m級の山々が連なる雪山山脈の麓にある温泉リゾート。標高約800mの麓に位置する場所で、夏は避暑地、冬は温泉地としてにぎわう。台湾では珍しい日本式の浴場は、露天風呂も自慢。豊富な湯量を誇り、水にも恵まれた山間部に、「星のや」の世界観がさらに進化して創り出されていると話題に。星のや独自の"おもてなし"は、台湾国内や東南アジア、豪州からのセレブにも支持されている。

DATA

交通：台北松山空港より台北駅で乗り換え、
高速鉄道台中駅から車で約90分
住所：台湾台中市和平区博愛里東關路一段温泉巷16号
料金：1泊1室 20,375台湾ドル
（税・サ込、食事別）
IN 15:00 **OUT** 12:00
https://hoshinoresorts.com/ja/hotels/hoshinoyaguguan/

1 渓谷に面した「月見」の部屋の窓は床から天井までと広く、圧巻の眺望 **2** 山々に囲まれている「星のやグーグァン」。自然と共鳴するような建築とデザインは、まさに「温泉渓谷の楼閣」 **3** モダンな雰囲気の正面玄関

part1 星のや | 51

1 朝目覚めると窓一面の峡谷に驚愕　**2** 水着着用なしの日本式温泉。大浴場の露天風呂はプライベート感が守れるようにジグザグに設計。夜は星空が見える暗めの照明に　**3** 地元タイヤル族の伝統的な織物体験が楽しい　**4** 台湾の食材をいかした会席料理を堪能　**5** 朝食は台・和・洋の3種から選択。写真は台湾式貝柱のお粥膳

大人の特別な台湾旅
雄大な温泉峡谷で癒し体験を

日本からの観光客に大人気の台湾。台北に次ぐ第2の都市、台中の山奥にある温泉地、谷關（グーグァン）で一番の高台に建つのが、星のやグーグァンです。ダイナミックな自然と一体化し、原生林を切ることなく大甲渓の湧き水をひき、蛇行する川をモチーフにアートのように整えられたウォーターガーデン、露天風呂もある源泉かけ流しの温泉、天然水のプールなど、魅力にあふれた温泉施設になっています。

客室は天井から床へ一面のガラス窓。そこに映る景色はまるで一枚の絵画のよう。一瞬で日常を忘れ、異世界へ。

食事は地元の食文化を取り入れた美しい会席料理、アクティビティはこの地域を知る散策ガイドや地元台湾原住民タイヤル族の文化体験に触れられるプログラムなどが体験できます。

6 ウォーターガーデンに点在するガゼボ(あずまや)は休憩に最適　**7** 湯冷ましには、峡谷の風が吹き抜ける共有スペースの「風の間」へ

part1 星のや ｜ 53

知られざるウブドに出逢う、渓谷のリゾート
星のやバリ
〈インドネシア・バリ・ウブド〉
HOSHINOYA Bali

1 ヴィラの間を流れるようにはりめぐらされたプール。すべての客室から直接入ることができる　2 渓谷からの心地よい涼風が抜けるガゼボ（バリ風あずまや）は、深呼吸やストレッチ、リラックスタイムに　3 熱帯樹林の渓谷に佇む、星のやバリ　4 バリの伝統建築「バリゲート」でお出迎え　5 インドネシア風朝食。和食、洋食も選べる　6 バリの伝統文化に出逢うアクティビティも楽しい

●インドネシア・バリ島でバリ文化・芸術の中心地である高地ウブド。熱帯の樹々が生い茂る美しい自然が広がり、バリの神話に語り継がれる聖なる川「プクリサン川」が流れる渓谷の上に建つ。周辺の集落の景観に溶け込むように佇む。広大な敷地には渓谷に浮かぶガゼボ、川を模したプール、渓谷を臨むダイニング、バリの伝統工芸を散りばめたヴィラなど、ウブドのダイナミックな自然や芸術的な文化を感じられる空間で構成されている。

DATA

交通：デンパサール空港から車で約90分
（空港送迎あり＜有料・要予約＞）
住所：Pengembungan, Desa Pejeng Kangin, Kecamatan Tampaksiring, Gianyar, Bali, Indonesia
料金：1泊1室 10,977,120 Rp(ルピア)〜
（税・サ込、食事別）
IN 15:00　OUT 12:00
https://hoshinoresorts.com/ja/hotels/hoshinoyabali/

part1 星のや | 55

Column
———

娘との旅は毎回
とても楽しみにしています

中村千恵子

『セブン・ド・エリコ』の創刊号で"母娘旅"のお話をいただいたときはびっくりしました。江里子だけでなく私も出るなんて大丈夫かしら？　どんな誌面になるのかしら？　とドキドキしながら、最初のロケ地「星のや軽井沢」にうかがったのを覚えています。でもスタッフの皆さんのこまやかな心配りと温かいおもてなしのおかげで、心配は吹き飛び、毎年、星野リゾートへの母娘旅を心待ちにするようになったのです。ムックの編集チームの皆さんともなかよくなり、まるで家族旅行のような気持ちで楽しませてもらっています。

素晴らしい宿での滞在はもちろん、いろいろな体験ができたのもいい思い出です。「リゾナーレ八ヶ岳」での乗馬、「星のや沖縄」での三線（さんしん）など、江里子とどっちがうまくできるか競い合いながら（笑）、母娘のかけがえのない時間を過ごしました。

プライベートでも家族と一緒にたびたび星野リゾートに宿泊しており、「今度はどこへ行こうかしら？」と、この本を見ながら旅先を探すのが楽しみです。

星のや軽井沢
(p.14)／2回目の
滞在は、母娘三代で。

界

DATA
国内21施設(2025年3月現在)
https://hoshinoresorts.com/ja/brands/kai/
界予約センター
TEL 050-3134-8092(9:30〜18:00)

ご当地の食や伝統文化にも出合える
現代の温泉旅館

母は大の温泉好き。温泉旅館に行くと、食事前、就寝前、

起床後のほかにもチャンスがあれば、さらに入ろうとしています（笑）。

ですから「界」に伺うのもとても喜んでいます。

星野リゾートの「界」ブランドは、

まさに現代人に寄り添う温泉旅館を展開。

全国各地の温泉と地元の食材をいかした会席料理、

さらにご当地ならではの魅力に触れられるように、

その地域の意匠を取り入れた"ご当地部屋"や、

さまざまな地域の魅力が楽しめるアクティビティ"ご当地楽"が

用意されているのが特徴です。

私たちも「界」へ出かけたら、伝統工芸の手仕事にチャレンジしたり、

ご当地のお酒やお茶の飲み比べをしたり、

伝統芸能を観賞したりと、いろいろ楽しんでいます。

地域によって、特徴も千差万別なので、今度はどんな体験が

できるのかしら、とわくわくする温泉宿です。

界 加賀(p.72)／施設
の館内着のまま、目の前
の山代温泉古総湯へ

界 出雲(p.81)／塩分濃度の高い「塩化物強塩泉」は出雲大社詣での"禊湯(みそぎゆ)"に

part2 界 | 61

ポロト湖畔でアイヌ文化に親しむ

界 ポロト

〈北海道・白老温泉〉

KAI Poroto

とんがり屋根の湯屋で モール温泉の湯浴みを

ポロトとはアイヌ語で「大きな湖」のこと。全室が湖に面し、名前の通り宿のどこにいてもポロト湖を身近に感じることができます。館内にはたくさんの白樺が使われ、北海道の大自然のなかにいるような心地よさ。アイヌ文化を尊重したデザインと相まって、とても素敵です。泉質は太古の植物由来の有機物を含有し、色は茶褐色。やわらかくて、肌がしっとりするので、美肌の湯といわれています。

●北海道南西部、白老町のポロト湖畔に建つ温泉旅館。北海道の大自然とアイヌ文化を取り入れた空間で、ゆったりと温泉を楽しみながら過ごすことができる。地元らしさを感じる料理も魅力。アイヌの歴史と文化をより深く知るには、近隣のアイヌ文化の復興・発展の拠点となるウポポイ(民族共生象徴空間)へ。泉質はモール泉。

DATA

交通:JR白老駅より徒歩約10分／新千歳空港より車で約40分
住所:北海道白老郡白老町若草町1-1018-94
料金:1名1泊￥31,000〜
(2名1室利用時、税・サ込、夕朝食付き)
IN 15:00 OUT 12:00
https://hoshinoresorts.com/ja/hotels/kaiporoto/

1 外観　2 三角のデザインが印象的な「△湯(さんかくのゆ)の内風呂。露天風呂へと続く　3 湖を望む特別室の露天風呂　4 客室で楽しめる「アイヌ文様刺繍体験」では刺繍したあと、額に入れて完成　5 特別会席のメイン「毛蟹と帆立の醍醐鍋」。季節の会席は、北海道の海の幸、山の幸をふんだんに使用

6 ロビーの大きな暖炉もとんがり屋根と同様の形で、銅板が張られている 7 全客室湖ビュー。壁紙やクッションにはアイヌ紋様があしらわれている

part2 界 | 63

津軽三味線と
大間のマグロに感動

界 津軽
〈青森・大鰐温泉〉

KAI Tsugaru

●青森の弘前駅から車で約30分、古くから湯治場で知られる大鰐（おおわに）温泉に佇む「界津軽」は、津軽地方の文化や食を楽しめる温泉旅館。季節ごとに設える「津軽四季の水庭」や毎晩開催の大迫力の津軽三味線の演奏、大間マグロを地酒とともに味わう食事が魅力。泉質はとろみがあるナトリウム-塩化物・硫酸塩泉。

DATA

交通：JR大鰐温泉駅より車で約5分／車で東北自動車道 大鰐弘前ICより約15分
住所：青森県南津軽郡大鰐町大鰐字上牡丹森36-1
料金：1名1泊¥28,000〜
（2名1室利用時、税・サ込、夕朝食付き）
IN 15:00 OUT 12:00
https://hoshinoresorts.com/ja/hotels/kaitsugaru/

1 「津軽四季の水庭」秋のライトアップ　2 四季折々の風景が彩る大浴場の露天風呂　3 大間のマグロが存分に楽しめるメニューは通年で提供　4 ご当地部屋「津軽こぎんの間」は、和モダンな現代の津軽こぎん刺しをインテリアに使用　5 独特の「叩き」奏法が圧巻の「津軽三味線」は必見　6 ご当地楽「津軽こぎん刺し」は紙製しおりにひと針ずつ縫う。トラベルライブラリーでいつでも体験できる

仙台の奥座敷。
名湯を渓流美ビューで
界 秋保
〈宮城・秋保温泉〉

KAI Akiu

● 宮城県の仙台の奥座敷、秋保(あきう)温泉は、奥州三名湯の一つ。はるか古墳時代に始まり、歴代の天皇や藩主の傷を癒やしたといわれる。界 秋保は自然豊かな名取川に沿って佇み、四季の移ろいも格別。またご当地楽には、戦国時代の名将、文化人といわれる仙台藩主の伊達政宗公にちなみ「伊達な文化」を取り入れている。泉質は塩化物泉。

DATA

交通：JR仙台駅より車で約30分、仙台空港より車で約45分／車で仙台南ICより約25分
住所：宮城県仙台市太白区秋保町湯元平倉1番地
料金：1名1泊¥31,000〜
（2名1室利用時、税・サ込、夕朝食付き）
IN 15:00 **OUT** 12:00
https://hoshinoresorts.com/ja/hotels/kaiakiu/

1 ご当地部屋の「紺碧の間」　2 渓流を楽しむ「せせらぎラウンジ」。湯上がりにもぴったり　3・4 ご当地楽「伊達な宴」では軍旗をモチーフにした空間で歴史に思いを馳せ、地酒で乾杯　5 「季節の会席」には、モダンな伊達の陣羽織をモチーフにした先付や、華やかな料理が並ぶ　6 何度も行きたくなるという自家源泉かけ流しの「あつ湯」と心身がリラックスできる「ぬる湯」。2つの浴槽がある

とちぎ民藝の設えで、四季の移ろいを堪能

界 鬼怒川
〈栃木・鬼怒川温泉〉
KAI Kinugawa

●鬼怒川の渓流に面した小高い丘の上に佇む温泉旅館。木々に囲まれた中庭をめぐって建つ客室や露天風呂で、日光の自然を身近に感じられる。館内は益子焼や黒羽藍染など、「とちぎ民藝」の伝統をモダンにアレンジしたインテリアが特徴。火傷が治るといわれる鬼怒川温泉は体に優しく長湯をしても疲れない。泉質はアルカリ性単純温泉。

DATA

交通：東部鉄道 鬼怒川温泉駅より車で約5分／車で日光宇都宮道路 今市ICより約25分
住所：栃木県日光市鬼怒川温泉滝308
料金：1名1泊¥35,000〜
（2名1室利用時、税・サ込、夕朝食付き）
IN 15:00 **OUT** 12:00
https://www.hoshinoresorts.com/ja/hotels/kaikinugawa/

1 大浴場の内風呂はガラス張り。露天風呂とともに四季の移ろいが楽しめる **2**「温泉露天風呂付き和室」 **3** 日光観光を楽しんで宿泊 **4** ショップには「用の美」をコンセプトにした益子焼が手頃な価格で揃う **5**「とちぎ民藝」をいろいろ取り入れた客室 **6** 食事は栃木の食文化から発想した料理を様々な益子焼の器で提供。写真はサクラマスと猪肉を各々に合うだしで供する、冬の特別会席「桜牡丹鍋」

信州の田舎暮らしと秘湯を体験
界 アルプス
〈長野・大町温泉郷〉
KAI Alps

●海外からも人気の高い信州の白馬の玄関口・大町温泉郷にある、界 アルプス。立山アルペンルートや白馬エリアのスキー場にも車で20～30分と大自然や絶景を満喫するのに最適。館内には囲炉裏の土間があり、信州名産のおやきや昔遊びが楽しめる。温泉は約400年の歴史がある秘湯・葛温泉からの引き湯。泉質はアルカリ性単純温泉。

DATA
交通：JR信濃大町駅より車で約15分／車で長野自動車道 安曇野ICより約60分
住所：長野県大町市平2884-26
料金：1名1泊￥28,000～
（2名1室利用時、税・サ込、夕朝食付き）
IN 15:00 **OUT** 12:00
https://hoshinoresorts.com/ja/hotels/kaialps/

1 四季の景色が美しい北アルプスの麓に位置 **2** 山に関する本が揃うライブラリーコーナー **3** カラマツの林に囲まれた大浴場の露天風呂 **4** 夕食は信州の旬の食材を取り入れた会席料理 **5** ご当地楽部屋「信州もてなしの間　離れ」。薪ストーブを備えた土間がある **6** 囲炉裏の土間。薪が燃える音、火の暖かさ、かまどから上がる湯気の香りなど、昔と変わらないゆったりとした時間を体験できる

part2 界 | 67

音楽とワインと温泉三昧

界 松本
〈長野・浅間温泉〉

KAI Matsumoto

現代建築と伝統工芸が調和。音楽のおもてなしがうれしい

私も母も松本を訪れたのは、初めてのこと。界 松本は国宝の松本城にも近い浅間温泉にあります。小澤征爾さんゆかりの音楽祭が毎年開催されることから「音楽の街」としても知られる松本にちなみ、音楽をテーマにモダンと伝統が融合したデザイナーズ温泉旅館です。

ロビーではコンサートが開催されたり、ワインの講座や伝統工芸体験、8種13通りの湯浴みができたりと、思いっきり滞在を楽しめました。

●松本城主の御殿湯も設けられていたという歴史ある浅間温泉で、ラディアントバス（石とタイルで作られた寝椅子）や檜おがくず風呂、寝湯など8種13通りの湯浴みができる温泉旅館。信州ワインをたしなみながらの和会席、音色が響き渡る大空間ロビーで音楽の生演奏が聴けるのも特徴。泉質はアルカリ性単純泉。

DATA

交通：JR松本駅より車で約15分／車で中央自動車道 松本ICより約20分
住所：長野県松本市浅間温泉1-31-1
料金：1名1泊￥35,000〜
（2名1室利用時、税・サ込、夕朝食付き）
IN 15:00 OUT 12:00
https://hoshinoresorts.com/ja/hotels/kaimatsumoto/

1 上質さと斬新さを併せもつ和の客室。純和風の建築様式のなかに、モダンな雰囲気も感じられるデザイン **2** 1504年に築城、国宝の松本城に感激 **3** 信州ワインの飲みくらべを体験 **4** ロビーコンサート。この日はピアノとギターの演奏に拍手喝采 **5** ワインとのマリアージュが楽しめる会席が名物。別注で和牛を使ったお鍋も

6 客室の温泉露天風呂　**7** 会席料理の八寸、宝楽盛りは松本てまりをイメージした器に　**8** 高さ13m音響効果抜群の吹き抜けのロビー

part2 界 | 69

飛騨木工の
モダン空間でくつろぐ
界 奥飛騨
〈岐阜・奥飛騨温泉郷〉

KAI Okuhida

● 北アルプスの名峰に囲まれ、日本屈指の湯量と源泉数を持つ、奥飛騨温泉郷。界 奥飛騨はその玄関口にある平湯温泉に「山岳温泉にめざめ、飛騨デザインにくつろぐ宿」として開業。標高1200mにあり、山あいの温泉のよさ、飛騨地域の匠の技と文化に触れる体験を提供している。泉質はカルシウム、マグネシウムなどを含む炭酸水素塩泉。

DATA

交通：平湯バスターミナルより徒歩約4分／車で中部縦貫自動車道 平湯ICより約3分
住所：岐阜県高山市奥飛騨温泉郷平湯138番地
料金：1名1泊¥31,000〜
（2名1室利用時、税・サ込、夕朝食付き）
IN 15:00 **OUT** 12:00
https://hoshinoresorts.com/ja/hotels/kaiokuhida/

1 それぞれの建物が中庭を囲むように建つ **2** 中庭には湯気が立ち上る「湯の川」が流れていて、回遊が楽しい **3** 飛騨の木工技術「曲木（まげき）」の優美なうねりがモチーフのご当地部屋「飛騨MOKUの間」 **4** 江戸時代から続く岐阜県高山市の漆器「飛騨春慶」の技術を使用したトラベルライブラリー **5** 特別会席のメインは名物飛騨牛料理 **6** モダンなデザインの大浴場の露天風呂

旅の楽しみ 1
温泉の入り方

母は温泉が大好き。滞在先でもちょっと時間があると「温泉に行ってくるわね」といって、いそいそと出掛けていきます。とくに温泉旅館を銘打つ「界」では、温泉の入り方、楽しみ方を"うるはし現代湯治の5か条"として指南しています。昔は疾病治癒のための温泉長期滞在を意味した湯治ですが、現代のライフスタイルに合わせて1〜2泊でも気軽に湯治体験できるような提案を教えてもらいました。日頃の疲れを癒やし、心身を整えるために活用したいですね。

> わからないことは
> いつでもご質問を！

〈うるはし現代湯治の5か条〉
by「界」(星野リゾート)の湯守り

① 温泉の本質を理解しましょう

温泉の質や温度は、ご当地によって異なります。その地の湯守りに確認して、効果や湯浴みの方法を確認してください。

② 入浴法を実践しましょう

湯船に入っている時間は、人それぞれですが、だいたい1回10〜20分が目安です。一度、クールダウンして、また入るを数回繰り返すと、体が芯まで温まります。のぼせないように注意しながら、実行してください。

③ 呼吸法を身につけましょう

ふだんから深呼吸していますか？ 浅い呼吸が続くと、イライラや不安が強まり、血液の流れが悪くなり、肺や心臓、脳をはじめとする全身の臓器に様々な影響が出るとか。ここはしっかり空気を吐いて、吸うことを心がけましょう。
腹式呼吸を何回か繰り返します。まず息を吐ききってからゆっくり吸うのがポイント。温泉に入る前、またつかっているときも何回か行うと効果が実感できます。

④ 湯上がり処での「くつろぎ方」も大切です

界では湯上がり処も充実しています。ゆったりくつろげる空間、入浴前後、睡眠前後など時間別に、各施設で「湯守りのこだわりドリンク」を用意しています。水分補給とクールダウンのための冷たいものから、就寝前に体を温めるものまであり、とくに就寝1時間前に温かい「蒸ししょうが湯」を飲むと、体温が上がり、そこから少しずつ体の内部の温度を下げていくと、スムーズに眠りに就きやすくなります。

⑤ 温泉後のマッサージで効能を実感しましょう

温泉で温まってのマッサージは、効果があります。最近はデジタル・デトックスのコースが人気だとか。PC疲れの方におすすめです。当日ですと、予約がいっぱいなこともありますので、宿を予約するときにマッサージも予約しておくと安心です。

part2 界 | 71

伝統建築と文化、北陸の美味を満喫
界 加賀
〈石川・山代温泉〉
KAI Kaga

ほっこり、ゆったり。
加賀百万石の湯治リゾートへ

北陸新幹線「加賀温泉駅」からすぐ、温泉好きの母が楽しみにしていた山代（やましろ）温泉に到着しました。

石畳の温泉街を進むと、江戸時代にタイムスリップしたような紅殻格（べんがらごうし）の外観が目を引きます。加賀前田家の紋があしらわれた暖簾をくぐって中へ。

伝統とモダンが調和した館内では、温泉や北陸の海山の幸いっぱいの料理、加賀の伝統文化を楽しみました。

● 江戸時代から続く温泉地、山代温泉。界 加賀は、そんな温泉街で歴史や文化を大切にしながら、現代に合う工夫をこらしている。加賀友禅や水引をあしらった客室でくつろぎ、「九谷（くたに）焼の器と料理のマリアージュ」を味わう。加賀獅子舞など加賀文化も堪能。「美人の湯」という、とろみがある泉質は硫酸塩・塩化物温泉。

1 宿の前には明治時代の総湯（共同浴場）を復元して体験できる「古総湯（こそうゆ）」が 2 玄関にて 3 ベッドは界オリジナルのふわっとした雲のような寝心地 4 美食家・北大路魯山人の料理哲学を受け継ぎ、素材の真価を引き出した会席料理にマリアージュしたお酒も美味 5 料理に合わせて選ばれた九谷焼の器に美しく盛られる、八寸 6 風情あふれる茶室を見ながら、手作りのもなかを食べ、母娘のおしゃべりも弾む 7 九谷焼のタイルが美しい古総湯の内観。当時と同じ浴み体験ができる 8 大浴場の壁面には九谷焼のアートパネルが。とろりとした泉質に肌がしっとり 9 ライブラリーには北大路魯山人の書が飾られ圧巻 10 ご当地楽は「加賀獅子舞」

DATA
交通：JR加賀温泉駅より車で約10分／小松空港より車で約30分
住所：石川県加賀市山代温泉18-47
料金：1名1泊¥31,000〜
（2名1室利用時、税・サ込、夕朝食付き）
IN 15:00 OUT 12:00
https://hoshinoresorts.com/ja/hotels/kaikaga/

東海道の歴史にふれる温泉宿
界 箱根
〈神奈川・箱根湯本温泉〉
KAI Hakone

●箱根湯本駅から車で7分の便利な立地で、周辺には箱根彫刻の森美術館や芦ノ湖などの観光名所も。東海道を行き交う旅人が育んだ文化を感じながら箱根の魅力を存分に楽しむ「箱根ごこち」を体感できる宿として2025年8月にリニューアルオープン予定のため、写真はイメージ。泉質は無色透明のナトリウム・塩化物温泉。

DATA
交通|JR小田原駅より車で約15分／小田急線 箱根湯本駅より車で約7分
住所|神奈川県足柄下郡箱根町湯本茶屋230
料金|1名1泊￥38,000〜
(2名1室利用時、税・サ込、夕朝食付き)
IN 15:00 **OUT** 12:00
https://hoshinoresorts.com/ja/hotels/kaihakone/

1 お天気に恵まれると湖面に逆さ富士が映る、芦ノ湖。赤い鳥居は箱根神社 **2** 箱根の自然を感じられる客室「清流リビング付き和洋室」 **3** 開放感のあるロビー **4** 箱根の山が真近に **5** 肌をなめらかにする温泉。源泉は熱いので加水して提供 **6** 箱根の伝統工芸、寄木細工。現代的にアレンジした器も人気 **7** "箱根ならでは"を味わう会席料理を提供

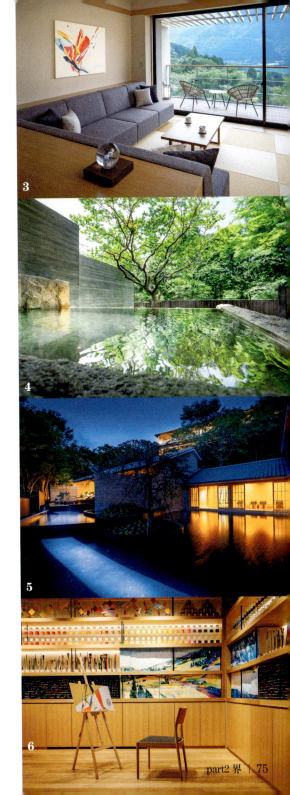

箱根の自然とアートに触れる

界 仙石原

〈神奈川・仙石原温泉〉

KAI Sengokuhara

●美術館などが点在する標高約700mの箱根・仙石原高原でアートと自然を満喫できるアトリエ温泉旅館、界 仙石原。全室露天風呂付きの客室には、世界のアーティスト12人による作品を展示。ライブラリーはアートや建築に関わる本が。また約2,000本の色鉛筆や布クレヨンでのアート体験も。泉質は酸性・カルシウム-硫酸塩・塩化物温泉。

DATA

交通：JR小田原駅より車で約40分／小田急線 箱根湯本駅より車で約25分
住所：神奈川県足柄下郡箱根町仙石原817-359
料金：1名1泊￥64,000〜
（2名1室利用時、税・サ込、夕朝食付き）
IN 15:00 **OUT** 12:00
https://hoshinoresorts.com/ja/hotels/kaisengokuhara/

1 ご当地楽「表現を楽しむ彩り手ぬぐい」は布クレヨンで創作 **2** 特別会席「山海石焼」 **3** アートが飾られた客室は、琉球畳をあしらった和洋室で全室露天風呂付き **4** 大涌谷温泉から引いた湯の花が舞う温泉は、熱いので加水した源泉かけ流し **5** 夕暮れの外観 **6** 窓の外に広がる景色などから得たインスピレーションを自由に表現できる「アトリエライブラリー」を用意

英国人航海士・三浦按針にちなんだモダン温泉宿

界 アンジン
〈静岡・伊東温泉〉

KAI Anjin

●アンジンとは、16世紀末に日本に漂着し、伊東の地で日本初の西洋式帆船を造船した英国人航海士の日本名に由来。テーマは「船旅」。全室オーシャンビューで、大型客船の乗船をイメージ。館内装飾には海や船旅のモチーフが多く施され、英国の文化を取り入れた食も楽しめる。肌に優しい泉質は単純アルカリ性温泉。

DATA

交通 JR伊東駅より車で約5分／車で東名高速道 厚木ICより約100分
住所 静岡県伊東市渚町5-12
料金 1名1泊￥31,000〜
（2名1室利用時、税・サ込、夕朝食付き）
IN 15:00 OUT 12:00
https://hoshinoresorts.com/ja/hotels/kaianjin/

1 館内には帆船の模型が。これは按針が乗った船のデザイン **2** 特別会席の「金目鯛と伊勢海老の和風ブイヤベース」は絶品 **3** 大浴場の内風呂。大きな窓の向こうは海 **4** 最上階の「サンブエナデッキ」は船のデッキにいるよう。空と海の表情の変化を堪能できる **5** 「按針みなとの間」。各客室でデザインは異なる **6** フロント横のアートウォールは、西欧で活躍した船の古材で製作。必見

源泉かけ流し、
一年中花が咲く庭園も魅力

界 伊東
〈静岡・伊東温泉〉

KAI Ito

● 平安時代に開湯したという、伊東温泉。江戸時代は徳川将軍家の献上湯や湯治湯として知られる名湯。さらりとした泉質と豊富な湯量を誇る界 伊東では全館源泉かけ流しで楽しめる。開放感があり、優雅な和の雰囲気を持つ館内、四季の花が美しい庭園など、温泉旅館としての魅力が満載。泉質はカルシウム・ナトリウム-塩化物・硫酸塩温泉。

DATA

交通：JR伊東駅より徒歩約10分／車で東名高速道 厚木ICより約100分
住所：静岡県伊東市岡広町2-21
料金：1名1泊￥35,000～
（2名1室利用時、税・サ込、夕朝食付き）
IN 15:00 OUT 12:00
https://hoshinoresorts.com/ja/hotels/kaiito/

1 障子の優しい明かりを感じる影絵アートを通ってフロントへ **2** 庭を一望する広々としたロビー **3** 大浴場の内風呂は古代檜の浴槽。日本庭園風露天風呂では滝から湯が流れ落ちている **4** ご当地楽では椿油づくり体験も **5** 特別会席料理は伊豆地方の豊かな作物と近海の魚介類を取り入れている **6** 三世代ファミリー向けの客室も **7** 屋外のプールも源泉かけ流し。一年を通して使用可能

温泉も料理も、静岡名産のお茶と楽しむ
界 遠州
〈静岡・舘山寺温泉〉
KAI Enshu

全室浜名湖ビュー
煎茶のおいしさを再発見

日本一の周囲長を持つ浜名湖は、その大きさにびっくり。水がとても澄んでいて感動しました。客室や館内から見える湖も時間帯とともに表情を変えるので見ていて飽きることがありません。

窓辺に座って、母とおしゃべりしながらのんびりとした時間を過ごしました。

私も母も日本茶が大好き！ ここではおいしい煎茶をいただくサービスが充実していて、客室でもラウンジでもいろいろ楽しめたのもよかったです。

●浜名湖に面した舘山寺温泉にあり、到着から出発までお茶三昧を楽しめる、界 遠州。おいしい煎茶のいれ方からアレンジ、飲み方までいろいろ体験できる。夕食は遠州灘や浜名湖の名産、ふぐとうなぎの会席を堪能。入浴前後もお茶を飲み、お茶玉の入った露天風呂も楽しんで。泉質はナトリウム・カルシウム-塩化物強塩温泉。

1 お茶の木とドウダンツツジが交互に植え込まれた「つむぎ茶畑」 2 お茶三昧の滞在にワクワク！ 3 「美茶楽ラウンジ」 4 静岡茶を詰めた籠が浮かぶ「お茶玉入浴」 5 冬は遠州灘名産のとらふぐでふぐちり鍋を 6 午後は学びの場、夜はくつろぎの空間になるカウンターコーナー 7 「茶処リビング付き客室」では3種類のお茶を用意 8 ご当地楽「美茶楽」でおいしいお茶の飲み方を学ぶ

DATA
交通：JR浜松駅より車で約40分
（無料共同シャトルバスあり、約45分）／車で東名高速道 浜松西ICより約15分
住所：静岡県浜松市中央区舘山寺町399-1
料金：1名1泊￥38,000〜
（2名1室利用時、税・サ込、夕朝食付き）
IN 15:00 OUT 12:00
https://hoshinoresorts.com/ja/hotels/kaienshu/

part2 界　79

奈良時代から美肌湯で人気。
全室露天風呂付き

界 玉造
〈島根・玉造温泉〉

KAI Tamatsukuri

●日本最古の温泉で美肌湯としても名高い玉造温泉で、「いにしえの湯と出雲文化を遊ぶ宿」をコンセプトにしている、界 玉造。大浴場はもちろん、客室は全室半露天風呂付き。また出雲が日本酒発祥の地でもあることから、「日本酒文化体験」がテーマに設えられている。泉質はナトリウム・カルシウム―硫酸塩・塩化物温泉。

DATA

交通：JR玉造温泉駅より車で約5分／車で山陰自動車道 松江玉造ICより約10分
住所：島根県松江市玉湯町玉造1237
料金：1名1泊¥45,000～
（2名1室利用時、税・サ込、夕朝食付き）
IN 15:00 **OUT** 12:00
https://hoshinoresorts.com/ja/hotels/kaitamatsukuri/

1 神殿から湯が湧き、檜の温泉玉が浮かぶ大浴場　**2** 島根の山海の食材をいかした会席料理。11月から3月上旬までは松葉蟹の特別会席が人気　**3** 客室で楽しめる「日本酒とおつまみセット」。日本酒BARも楽しい　**4** 酒造りの麹室をテーマにした、ご当地部屋「玉湯の間」は落ち着ける雰囲気　**5** 玉湯川に面し、気軽に温泉街歩きも　**6** ご当地楽「石見神楽（いわみかぐら）　大蛇」は迫力の演目

80 | part2 界

日本海を望む岬で、
出雲神話と文化に触れる

界 出雲
〈島根・出雲ひのみさき温泉〉

KAI Izumo

●日本海に面する島根半島の先端、日御碕。大山隠岐国立公園内に建つ。出雲大社から車で約20分という立地で「灯台と水平線を望むお詣り支度の宿」がテーマ。絶景のロケーションとご当地の伝統工芸を取り入れた館内と客室が心地よい。島根の食材や食文化を取り入れた開運をイメージした食事を提供。泉質はナトリウム−塩化物強塩温泉。

DATA

交通 | 車で山陰自動車道 出雲ICより約30分
住所 | 島根県出雲市大社町日御碕604
料金 | 1名1泊￥35,000〜
（2名1室利用時、税・サ込、夕朝食付き）
IN 15:00 **OUT** 12:00
https://hoshinoresorts.com/ja/hotels/kaiizumo/

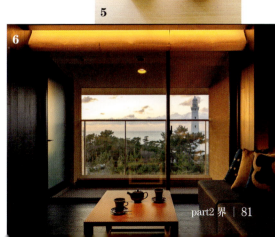

1 清めの塩を思わせる強塩温泉は、お詣り前に禊湯として使用も可能 **2** ご当地楽「石見神楽 国譲り」も必見 **3** 出雲松島の日の出に感動の「かわたれテラス」 **4** ご当地の食材や郷土料理を取り入れた季節の会席。器もお目出たい柄で **5** お詣り前の朝食には「神饌（しんせん）朝食」（古来より神様に献上するお食事）をプラスする予約を **6** 日御碕灯台が眼前に見える、ご当地部屋「彩海の間」

part2 界 | 81

音信川沿いの温泉街歩きに心和む
界 長門
〈山口・長門湯本温泉〉

KAI Nagato

●江戸時代に歴代の藩主の湯治場として訪れていた温泉。温泉街の音信（おとずれ）川に佇む、界 長門は、藩主が参勤交代の時に休む場所「本陣」イメージ。温泉街の滞在が楽しめる工夫をこらしている。館内に山口市の無形文化財「徳地和紙」や「萩焼」の名品を展示。泉質はアルカリ性単純温泉（低張性アルカリ性低温泉）。

DATA

交通：JR新山口駅より車で約60分／山口宇部空港より車で約70分
住所：山口県長門市深川湯本2229-1
料金：1名1泊￥32,000〜
（2名1室利用時、税・サ込、夕朝食付き）
IN 15:00 OUT 12:00
https://www.hoshinoresorts.com/ja/hotels/kainagato/

1 外観。左から宿泊者以外も利用できる「あけぼのカフェ」と温泉街への出入り口「あけぼの門」 **2** 音信川に面したロビー。奥には萩焼の名品 **3** 化粧水のようだと評される湯。湯温が高い「あつ湯」、源泉かけ流しの「ぬる湯」の内風呂と露天風呂を完備 **4** 川面に続く「川床テラス」 **5** 徳地和紙、萩焼など山口の伝統工芸5種をあしらった、ご当地部屋「長門五彩の間」 **6** 特別会席にはふぐが登場

長崎の異国情緒と温泉地獄の融合
界 雲仙
〈長崎・雲仙温泉〉

KAI Unzen

● 長崎県、雲仙天草国立公園内の雲仙温泉は、立ち込める噴気や湯気が漂う温泉地。界 雲仙は、様々な人や文化が行き交うなかで発展してきた、和(日本)、華(中国)、蘭(オランダ)の要素がまじりあった長崎由来の文化をデザインした異国情緒が漂う空間での滞在を提供。泉質は酸性、含鉄(II、III)−単純温泉。

DATA
交通:JR諫早駅より車で約1時間、長崎空港より車で約1時間30分
※長崎空港、諫早駅より有料送迎あり(要予約)
住所:長崎県雲仙市小浜町雲仙321
料金:1名1泊¥28,000〜
(2名1室利用時、税・サ込、夕朝食付き)
IN 15:00 **OUT** 12:00
https://hoshinoresorts.com/ja/hotels/kaiunzen/

1 噴気や湯気が活発な「雲仙地獄」に面しているリビングの代わりに湯上がり処がある「客室付き露天風呂」 3 ステンドグラスが美しい大浴場の内風呂。あつ湯(源泉かけ流し、加水あり)とぬる湯が 4 地獄の湯けむりを眺める、露天風呂 5 ご当地楽は長崎発祥の活版印刷体験 6 特別会席ではあごだしで楽しむ伊勢海老入り鍋も

館内で別府の温泉街を
楽しく体験

界 別府
〈大分・別府温泉〉
KAI Beppu

●日本一の源泉数と湧出量を誇る別府温泉。界 別府は別府湾を望む立地で「ドラマティック温泉街」をコンセプトに建築家・隈研吾が設計・デザイン。地域の文化や伝統工芸を取り入れた客室や温泉、食事だけでなく、館内に温泉街を配するなど、今までにない温泉旅館の魅力にあふれている。泉質はナトリウム—塩化物・炭酸水素塩温泉。

DATA

交通：JR別府駅より徒歩約10分／大分空港より車で約45分
住所：大分県別府市北浜2-14-29
料金：1名1泊¥32,000〜
（2名1室利用時、税・サ込、夕朝食付き）
IN 15:00 OUT 12:00
https://hoshinoresorts.com/ja/hotels/kaibeppu/

1 フロント横「湯の広場」の足湯は開放的な雰囲気　**2** ご当地楽「別府温泉絞り体験」では伝統の豊後（ぶんご）絞りハンカチを製作　**3** 会席料理のメイン「豊後なべ」はふぐや伊勢海老などの海鮮を味わう　**4** 別府温泉の名物、"地獄蒸し"をアレンジした朝食の和食膳　**5** 全面の窓が絵画のようで感激！「柿渋の間」　**6** 大浴場の壁は臼杵（うすき）焼　**7** 湯の広場で毎夜開催「湯治ジャグバンド」。そのほか夜は大浴場への通路が縁日や温泉街の雰囲気に変わり、楽しめる

雄大な由布岳を望む 棚田の四季が圧巻

界 由布院

〈大分・由布院温泉〉

KAI Yufuin

●日本の原風景、棚田を借景に佇む 界 由布院。コンセプトは「棚田暦で憩う宿」で、こちらも建築・デザインは隈 研吾氏。離れの客室は木造で、ご当地の素材が使用されている。大分の美味を集めた食事や、やわらかな温泉での湯浴みが楽しめる。泉質は化粧品成分にも使用されるメタけい酸を豊富に含む、単純温泉。

DATA

交通：JR由布院駅より車で約10分／
車で大分自動車道 湯布院ICより約15分
住所：大分県由布市湯布院町川上398
料金：1名1泊￥38,000〜
（2名1室利用時、税・サ込、夕朝食付き）
IN 15:00 **OUT** 12:00
https://www.hoshinoresorts.com/ja/hotels/kaiyufuin/

1 客室「蛍かごの間（くぬぎ離れ）」。大分特産の竹をベッドボードやソファに使用 **2** 農家の玄関をイメージしたフロントロビー **3** 棚田に点在する離れと、くぬぎ林のなかの離れがある **4** 宿の中心に広がる棚田を一望の「棚田テラス」でくつろいで **5** 特別会席は鹿や猪など4種のジビエを濃厚なすっぽんのスープでのしゃぶしゃぶ鍋が名物 **6** ご当地楽の農家の手仕事「原風景を感じるわら綯（な）い体験」 **7** 遠く由布岳を望む露天風呂

カルデラ大地に、露天風呂付き一戸建てが点在
界 阿蘇
〈大分・瀬の本温泉〉

KAI Aso

●標高1000mの阿蘇くじゅう国立公園内に位置し、8000坪の敷地にわずか12棟に露天風呂付き離れが点在する温泉旅館。世界有数の規模を誇る阿蘇カルデラをテーマにした客室には、溶岩を材料に用いた茶器や小国杉(おぐにすぎ)のテーブルなどを使用。熊本の馬肉ほか九州の豊かな食材を使用した食事も人気。泉質はアルカリ単純温泉。

DATA

交通：車で大分自動車道 九重ICより約75分
住所：大分県玖珠郡九重町湯坪瀬の本628-6
料金：1名1泊￥55,000～
（2名1室利用時、税・サ込、夕朝食付き）
IN 15:00 OUT 12:00
https://hoshinoresorts.com/ja/hotels/kaiaso/

1 施設近辺には広大な自然が広がる **2** ご当地部屋「カルデラの間」。優しい色合いの草木染のクッションほかカルデラが育んだ自然素材をインテリアに使用 **3** 全客室のテラスには露天風呂。少し白濁してとろみのある湯が特徴 **4** 大草原をかけ抜ける乗馬体験も人気 **5** 季節の特別会席のメインは、溶岩プレートで焼く和牛ステーキが好評 **6** 夜は優雅に、朝はさわやかな食事処

● 天孫降臨伝説の霧島連山から湧き出る霧島温泉は、九州有数の温泉地の一つ。「桜島をはるかに見渡し、湯浴み小屋でうるおう宿」がコンセプト。全客室がご当地部屋「薩摩シラス大地の間」で、ご当地の伝統工芸品などを使用している。地域特産の食材で彩る季節の会席も薩摩焼や龍門司焼の器で提供。泉質は単純硫黄温泉(硫化水素型)。

神話が息づく高千穂峰の中腹、全室桜島ビュー

界 霧島

〈鹿児島・霧島温泉〉

KAI Kirishima

DATA

交通:JR霧島神宮駅より車で約15分／鹿児島空港より車で約45分
住所:鹿児島県霧島市霧島田口字霧島山2583-21
料金:1名1泊¥31,000〜
(2名1室利用時、税・サ込、夕朝食付き)
IN 15:00 OUT 12:00
https://hoshinoresorts.com/ja/hotels/kaikirishima/

1 湯浴み小屋は客室棟からスロープカーで向かう先のすすき野原に 2 特別室「パノラマルーム」からの絶景 3 湯浴み小屋の桜島を望む露天風呂。内風呂には「あつ湯」と「ぬる湯」の2つの湯舟 4 焼酎の飲み比べもできる 5 季節の会席のメインは鹿児島名産黒豚のしゃぶしゃぶ 6 ご当地楽「天孫降臨ENBU」を楽しんで

part2 界 | 87

旅の楽しみ 2
ご当地ならではの体験

星野リゾートの施設では、体験できるアクティビティが豊富なことも魅力の一つです。絶景や客室、温泉やプール、料理が整った施設はほかにも多々ありますが、その宿泊施設だけでしか体験できないことがあるので、毎回とても楽しみにしています。

母とは、周辺のガイド付き散策から乗馬、茶の湯、香道、伝統工芸の手作り、伝統芸能の観賞までさまざまなアクティビティに参加してきました。その一部をご紹介します。アクティビティは季節や施設の都合によっても変更があったり、有料、無料など条件が異なります。宿泊先を決める際には、必ず各施設のホームページやインスタグラムなどで詳細を確認してから、ご参加くださいね。

旅の満足度が絶対に上がります。

☑ ご当地の伝統工芸

刺繍が完成したら額に入れお持ち帰り

伝統の手仕事体験は、おみやげにもなって楽しい。左：「奥入瀬ランプ制作体験」（奥入瀬渓流ホテルp.144）、上：「アイヌ文様の刺繍体験」（界 ポロトp.62）

☑ ご当地の伝統芸能

毎晩開催！獅子舞は大迫力

地元の方やスタッフが大熱演する伝統芸能も必見。左：「加賀獅子舞」（界 加賀p.72）。上：「津軽三味線の生演奏」（界 津軽p.64）。感動間違いなし！

☑ 日本の伝統文化

かすかな香りを「聞く」ことに集中

心が落ち着く茶の湯や香道、写経。左：「今様香り合わせ」(星のや東京p.20)。星のや京都(p.32)も体験可能。上：「写経」は星のや京都、OMO3京都東寺(p.135)でも

☑ アクティビティ

野道を乗馬　馬がかしこい！

自然と親しみ、海山のスポーツに挑戦。左：「乗馬」(リゾナーレ八ヶ岳p.94)、界 阿蘇(p.86)も。上：海は熱海、沖縄、グアム、ハワイの施設が充実

☑ 自然と親しむ

アウトドアで石窯ピザづくりに挑戦

各地の特徴に合わせてカヤックや沢歩き、ピザづくり、ファーマーズ体験などができる。左から：西表島ホテル(p.117)、星のや富士(p.26)上：リゾナーレ那須(p.100)

リゾナーレ

DATA
国内6施設、海外1施設（2025年3月現在）
https://hoshinoresorts.com/ja/brands/risonare/
リゾナーレ総合予約
TEL 050-3134-8093（9:30〜18:00）
星野リゾート　トマム代表電話
TEL 0167-58-1111（10:00〜18:00）
リゾナーレ大阪
TEL 06-6614-7845（10:00〜17:00）

豊富なアクティビティ体験が
楽しいリゾートホテル

テーマ性のあるデザイン建築と各地の
自然の特徴を満喫できるような
アクティビティや食が楽しめる「リゾナーレ」ブランド。
四季によって体験も変わり、季節の美しい移ろいを感じながら
癒されるリゾートホテルです。
星野リゾートブランドのなかでも、とくに
各世代が揃うファミリー滞在にも向いています。
私が母と訪れたのは、リゾナーレ八ヶ岳とリゾナーレ熱海。
そして以前、夏休みに夫と子どもたちと、
さらに友人ファミリーと一緒にリゾナーレトマムに出かけ、
ラフティングを体験したことがあります。
高原と海辺、北海道の大自然というそれぞれの環境にあって、
モダンでおしゃれな空間の客室でくつろぎ、
乗馬やアスレチックなどのアクティビティを体験するのは、
とてもいい思い出として残るので、
リゾナーレ=楽しい、印象です!

part3 リゾナーレ | 91

リゾナーレ熱海(p.102)
／奥の森にあるツリーハウスのテラスにて

part3 リゾナーレ | 93

高原の恵みがあふれるワインリゾート

リゾナーレ八ヶ岳
〈山梨・小淵沢〉

RISONARE Yatsugatake

八ヶ岳の豊かな恵みと
地のワインが魅力です

日本有数のワインの産地として知られる山梨・長野両県の県境にある施設とあって、ワインが大好きな私は、最初からワクワクしっぱなし。自然が大好きな母は、周りに見える美しい八ヶ岳や富士山の景色に魅了されていました。

館内には石畳のショッピングストリート「ピーマン通り」や室内プールなど、ワインリゾートが楽しめます。

1「八ヶ岳ワインハウス」でワインのおつまみとワインをテイクアウトしてお部屋に **2** 客室棟の中央が「ピーマン通り」。ヨーロッパの小さな街のよう **3** 目の前に迫る八ヶ岳連峰に感動。反対側には富士山が **4・5**「メゾネット（ピーマン通り沿い）」。ボルドーカラーでコーディネートされ、ワインステイが楽しめる

●首都圏から約120分の高原リゾート「リゾナーレ八ヶ岳」。世界的な建築家マリオ・ベリーニがイタリアの山岳都市をイメージしてデザイン。全長160mのメインストリート「ピーマン通り」にはショップが並び、日帰りでの利用も可能。日本有数のワイン産地に位置するリゾートで、食事とワインのマリアージュを堪能できる。

DATA

交通：JR中央本線「小淵沢駅」より無料送迎バス5分（要予約）
住所：山梨県北杜市小淵沢町129-1
料金：1名1泊￥25,000～（2名1室利用時、税・サ込）＊1泊～IN 15:00 OUT 12:00

part3 リゾナーレ | 95

高原のワインリゾートで思いっきり楽しみました

ディナーはメインダイニングの「オットセッテ」でワインとイタリアンのマリアージュを堪能（p.128）。どのワインもおいしくて、私も母もちょっと飲みすぎてしまうハプニングも（笑）。

ほかにも併設の「八ヶ岳ワインハウス」からテイクアウトしてお部屋でおしゃべりしながらいただいたり、昼間は高原ならではのアクティビティも思う存分に楽しみました。

1・2 もう一つのカジュアルダイニング「ワイワイグリル」はメインを選び、ほかはビュッフェスタイル。ワインも揃う **3** 波が打ち寄せる室内プール「イルマーレ」も人気 **4・5** 山梨・勝沼と長野・小布施を結ぶワイン街道の個性豊かなワインが揃う「八ヶ岳ワインハウス」。セルフ式テイスティングで試飲して選んだらお部屋やレストランへ。おみやげにも

広々としたお部屋では好きな場所に座ってゆったり、ワインタイム

久しぶりに乗馬に挑戦。母のほうが「馬がかわいい！」と大喜び

part3 リゾナーレ | 97

1

広大な敷地に全室スイートルーム、
豊富なアクティビティを誇る

リゾナーレトマム

〈北海道・トマム〉

RISONARE Tomamu

2　3　4

北海道大自然を満喫できる滞在型リゾート

　数年前、私と夫、子どもたち3人が揃い、プライベートで日本の友人ファミリーと北海道旅行を楽しみたい、と選んだのが「リゾナーレトマム」でした。

　その時は夏で、雲海テラスで感動したり、アクティビティでラフティングをしたりと大騒ぎ。冬は雪山や霧氷の絶景、パウダースノーでのウインタースポーツが豊富に楽しめるそうです。

●北海道の大自然に囲まれ、おいしい食や豊富なアクティビティを体験しながら、優雅な滞在ができる「星野リゾート　トマム」にあるホテルの一つ。針葉樹の森の高台に建ち、「北海道の大地を感じるグレイスフルステイ」がコンセプト。全室スイートルームで、展望ジェットバスとプライベートサウナを完備している。

DATA

交通：JRトマム駅から車で約10分（無料送迎バスあり）／新千歳空港から車で約100分
住所：北海道勇払郡占冠村字中トマム
料金：1名1泊¥25,400〜
（2名1室利用時、税・サ込、朝食付き）
IN 15:00 **OUT** 11:00
https://www.hoshinoresorts.com/ja/hotels/risonaretomamu/

1 気象条件が揃ったときに流れ込む雲海を間近で観賞「雲海テラス」　**2**「デザインスイートツインルーム」のリビングルーム　**3** 全天候型のプールで天候に左右されず楽しめる　**4** 北海道ならではの素材を使用した料理が豊富　**5**「トマム　ザ・タワー」(p.112)も併設　**6** 夏は牧場体験も　**7** 冬の「霧氷テラス」　**8** 幻想的な「アイスヴィレッジ」

農園体験とイタリア料理が自慢の温泉リゾート

リゾナーレ那須

〈栃木・那須〉

RISONARE Nasu

農業の営みに触れる
アグリツーリズモを体験

イタリア語で農業と観光を掛け合わせた造語「アグリツーリズモ」。豊かな田園風景のなかで農作物に親しみながら過ごす滞在ができます。広大な敷地では120種以上の野菜やハーブを育てる「アグリガーデン」やお米を育てる田んぼがあり、季節によって変化し、食事では野菜の食感や味わいが楽しめます。客室は快適で洗練された空間です。

●那須連山の山裾、標高500mの高原に位置する、リゾナーレ那須。約4万2千坪の敷地に宿泊棟、農園「アグリガーデン」、アクティビティ施設「ポコポコ」、メインダイニング「オットセッテ」、ビュッフェレストラン「シャキシャキ」、大浴場がある。農作物を育む生産活動に触れる体験ができるのが特徴。

DATA

交通：JR那須塩原駅より車で約35分（無料送迎バスあり《要予約》）／車で東北自動車道　那須I.C.より約20分
住所：栃木県那須郡那須町高久乙道下2301
料金：1名1泊￥24,000〜（2名1室利用時、税・サ込、朝食付き）
IN 15:00　**OUT** 12:00
https://hoshinoresorts.com/ja/hotels/risonarenasu/

1・2 本館「デラックスメゾネット」のテラスと室内。眼前は田んぼ　3 那須高原の森のなか。三角屋根の建物が「ポコポコ」　4 ハーブティー作りなどのアクティビティを開催する「グリーンハウス」　5 大浴場は温泉。外湯と内湯がある　6・7・8 施設内で収穫した野菜やハーブの一部はレストランで使用。朝食やピッツァランチ、ディナーならイタリア料理のコースやビュッフェレストランで味わえる

1 最上階にある、床一面に白砂を敷き詰めた「ソラノビーチ Books&Cafe」。空に浮かぶビーチのようでのんびり過ごせる。夜はBARに　2 室内123㎡、テラス35㎡と館内で一番広い「テラスリビングスイート」。客室は青のコントラストが印象的なデザイン。全室オーシャンビュー

大海原と夜景や花火が絶景、温泉やプールも充実
リゾナーレ熱海
〈静岡・熱海〉

RISONARE Atami

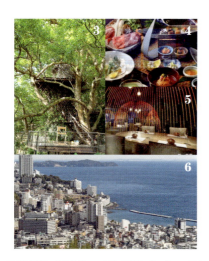

海を見下ろす山上で
海だけでなく森林浴もできます！

東京から新幹線で約50分という近さで気軽な熱海。海に面した山の上にあるリゾートホテル「リゾナーレ熱海」に滞在しました。ブルーを基調としたインテリアのリゾートホテルで、温泉やスパに癒されて、いい気分。奥に空中散歩気分になる大きなツリーハウスがあって、母と一緒にコーヒータイムも楽しかった思い出です。

●熱海名物の「花火」と海の「青」をデザインした空間で海と街を一望でき、森の空中基地での自然体験も叶うリゾートホテル。最上階の「ソラノビーチ Books&Cafe」、吹き抜けのアクティビティラウンジや標高170mに位置する大浴場、客室も晴天時には相模湾を一望できるロケーションが素晴らしい。海山のアクティビティが楽しめる。

DATA
交通：JR熱海駅より車で約20分（無料送迎あり〈要予約〉）／車で東名高速道路の石橋I.C.よりリゾナーレ熱海まで約45分
住所：静岡県熱海市水口町2-13-1
料金：1名1泊¥24,000〜
（2名1室利用時、税・サ込、朝食付き）
IN 15:00　OUT 12:00
https://hoshinoresorts.com/ja/hotels/risonareatami/

3 奥の森にあるツリーハウス。アスレチックコースもある　4 近海で獲れた魚介を取り入れたお食事　5 「花火」をモチーフにしたメインダイニング　6 熱海の街を一望　7 吹き抜けの壁一面がガラスで絶景を望むアクティビティラウンジ。熱海の花火観賞にも最適　8 空中散歩気分のツリーハウスでひと息

part3 リゾナーレ | 103

全室スイート、眼前は
コバルトブルーの珊瑚礁
リゾナーレ小浜島
〈沖縄・小浜島〉

RISONARE Kohamajima

「ロイヤルスイート」前の
プライベートプール。屋
外ジェットバス付き

海と空、珊瑚礁の
極上ビーチリゾート

　白砂と青い海、八重山諸島でも屈指の美しさを誇る小浜島で優雅なビーチリゾートを体験できるのが「リゾナーレ小浜島」です。

　広大な敷地にヴィラタイプの客室はオールスイート。2つのプールとレストラン、スパ、ゴルフ場が備わっています。とくに秋から冬にかけての滞在は大人の旅先として好評です。

● 沖縄の離島で南国情緒たっぷりのプライベートリゾートが楽しめる。「ゆくるエキゾチックリゾート」をコンセプトに、現代人に合わせた文化体験や国内最大の珊瑚礁が広がる絶景、季節ごとのアクティビティを用意。"ゆくる"は沖縄の方言でゆっくりする、という意味、日常を忘れて島時間に身をゆだね、リフレッシュにぴったり。

DATA

交通：石垣港離島ターミナルより小浜港行フェリーにて約25分、小浜港から車で約10分（無料送迎バスあり〈予約不要〉）
住所：沖縄県八重山郡竹富町小浜2954
料金：1名1泊 ¥20,700〜
（2名1室利用時、税・サ込、食事別）
IN 15:00 OUT 11:00
https://hoshinoresorts.com/ja/hotels/risonarekohamajima/

1 ホテル前のビーチは白砂にコバルトブルーの海　**2** 客室「ロイヤルスイート」の室内。広いリビングで落ち着ける雰囲気　**3** ビーチサウナも　**4** 海のアクティビティにチャレンジ　**5** 大きなガジュマルの木に包まれる「ガジュマル広場」でハンモック体験。南国のゆったり時間が流れる　**6** オーシャンビューの施術室「リゾナーレ小浜島スパ」で心身を調えて　**7** デラックススイートのヴィラ　**8** 八重山諸島の新たな「食」との出合いと発見が楽しめるビュッフェを提供

大阪湾を一望する
ファミリーリゾートホテル

リゾナーレ大阪
〈大阪・住之江〉

RISONARE Osaka

●大阪の中心部よりシャトルバスで約25分。大阪港の南港エリアにあるグランドプリンスホテル大阪ベイとの共同運営でアクティビティをリゾナーレ大阪として提供。「創造力を遊びこむ」をコンセプトに、色鉛筆で壁や窓に思いっきり表現できる客室や様々な表現方法で子どもの創造力が育まれる日本最大級の「アトリエ」を用意している。

DATA

交通：ニュートラム南港ポートタウン 中ふ頭駅より徒歩約3分、JR大阪駅より車で約25分（無料送迎バスあり〈要予約〉）／車で阪神高速湾岸線、南港北出口（南行き）より約5分、南港南出口（北行き）より約10分
住所：大阪府大阪市住之江区南港北 1-13-11
料金：¥9,000〜(3名1室利用時1名あたり、税・サ込、食事別)※子どもについてはHP参照
IN 15:00 OUT 12:00
https://www.hoshinoresorts.com/ja/hotels/risonareosaka/

1「アトリエルーム デラックス」 **2** 大阪湾を一望できるホテルの最上階28階にある「アトリエ」。子どもの興味関心を引き出す体験型の展示「ギャラリー」がある **3** 子どもの創造力を刺激するプログラムを開催。春には花、夏には風などのテーマで実施 **4・5** グランドプリンスホテル大阪ベイの施設のフィットネスプールやジム、スパ、カフェレストランも利用できるので、子どもだけでなく、大人も楽しめる

チャモロ流おもてなしの
ビーチリゾート

リゾナーレ
グアム

〈タムニング・グアム〉

RISONARE Guam

●リゾナーレグアムは、グアム国際空港から車で約10分、繁華街タモンエリアから約15分の位置にあり、グアムの文化を楽しみながら過ごせるビーチリゾート。プライベート感あふれるビーチでマリンアクティビティを楽しんだり、のんびり過ごしたり。さらに、敷地内には1日では遊び尽くせない、ミクロネシア最大級のウォーターパークがある。

DATA

交通：グアム空港からホテルまで車で約10分（無料送迎バスあり〈公式サイトから予約のみ〉）
住所：445 Governor Carlos G. Camacho Rd. Tamuning, Guam 96913
料金：1名1泊$60〜
（4名1室利用時、税・サ込、朝食付き）
IN 15:00 OUT 12:00
https://hoshinoresorts.com/ja/hotels/risonareguam/

1 タムニングエリアのアガニア湾の北東部に位置　2 スライダーなど大人も楽しめるウォーターパークも　3 サップやシュノーケルのマリンアクティビティも　4 グアムの先住民、チャモロ流のおもてなし料理やBBQを堪能　5 美しいサンセットのもとグアムのルーツや伝統文化にふれる「海辺のパーティ」をビーチサイドで週3日開催　6 オーシャンフロントの客室イメージ

part3 リゾナーレ | 107

旅の楽しみ 3
おみやげ選び

国の天然記念物
雷鳥の形の木製キーホルダー

客室のキーホルダーにも使用している
（界 アルプスp.67）

旅先のおみやげは、宿泊先で選んでおくと、荷物の整理ができて助かります。もちろん、また駅ナカや駅前でプラスすることも多いですが(笑)。ここでご紹介するのは、各施設のこだわりでスタッフの方に推していただいたものの一部です。ご当地の特産物から、星野リゾートのオリジナルまでいろいろあります。おみやげ販売コーナーでぜひ、チェックしてみてくださいね。

＊商品揃えは変動があります。取り扱いがない場合はご了承ください。

大町市の伝統工芸を
ドリンクコースターに

自然の木の葉などを和紙に
漉き込んだ松崎和紙を使用
（界 アルプスp.67）

伝統工芸を施した鳥羽漆芸のビアグラス

静岡県の無形文化財「金剛石目塗」入りでおしゃれ（界 アンジンp.76）

大分の小鹿田焼
湯呑みと繊細な
竹細工の茶托

日田市の小鹿田焼
（おんたやき）と丈夫
な竹細工
（界 別府p.84）

幾何学模様が
特徴で人気の民陶

ざぼんの砂糖漬け
「別府銘菓ざぼん」

客室のお菓子。大分特産の
柑橘、ざぼんを使用
（界 別府p.84）

Column

獅子頭ねつけと加賀水引のオブジェ

獅子頭は加賀一刀彫。水引をモダンにアレンジも素敵（界 加賀p.72）

（加賀水引は結納飾りとして発展）

オリジナルで大好評「酒粕あんさんぶれ」

松江の老舗和菓子店「三英堂」と共同開発。やわらかいサブレ生地で酒粕クリームとあんこをサンド（界 玉造p.80）

沖縄オリジナルのメタルキーホルダー

琉球王朝時代の房指輪をもとにデザイン（星のや沖縄p.38）

（ルームキーに使用されてました！）

オリジナルフレーバーの星のやちんすこう

島ハーブやぴーやし（島こしょう）など6種類（星のや竹富島p.44）

甘酸っぱいハスカップのクリームサンドクッキー

ハスカップの実、ホワイトチョコレート、バター入りクリームを薄く焼いたクッキーでサンド（界 ポロトp.62）

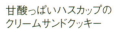

きなこ餅を黒蜜で！金精軒の信玄餅

山梨の銘菓。県産もち米と大豆を使用（リゾナーレ八ヶ岳p.94）

つるし飾りのキーホルダー（椿）

伊豆稲取地方の手仕事、雛のつるし飾りの技法で（界 伊東p.77）

（女の子の良縁無病息災を祈願）

part3 リゾナーレ | 109

個性派ホテル

DATA
国内7施設、海外2施設（2025年3月現在）
https://hoshinoresorts.com/ja/brands/uniquehotels/
予約電話番号はそれぞれの施設に記載。

その地域ならではの特徴が際立つ、
コンセプト宿泊施設

星野リゾートが展開する日本や世界各地の施設のなかでも、

その地域ならではの個性が抜きんでいるリゾートホテルと

温泉旅館を「個性派ホテル」としてまとめました。

ロケーションやさまざまな伝統文化、

こだわりの食材と料理、遊びのバラエティ、

どれもがほかでは出合えない、ここだけの発見があり、

新たな旅の楽しさにときめく施設になっています。

北海道トマムでのアクティビティを手軽に体験「トマム ザ・タワー」、

365日青森ねぶた祭りを楽しめる「青森屋」、

十和田八幡平国立公園エリアで四季の美しさが格別の「奥入瀬渓流ホテル」、

温泉と会津文化でくつろぐ「磐梯山温泉ホテル」、

迎賓文化に培われたおもてなしで迎える「軽井沢ホテルブレストンコート」、

ジャングルアクティビティが豊富な「西表島ホテル」、

テーマパークへの旅を盛り上げるオールドアメリカンな空間の「1955 東京ベイ」、

ハワイ・ワイキキで星野リゾート流サービスを提供する「サーフジャック ハワイ」、

天台宗発祥の地として中国有数の観光地・

天台山地区に位置するリゾートホテル「嘉助天台」

と、バラエティ豊かなラインナップです。

part4 個性派ホテル | 111

アクティビティに簡単アクセス！

トマム
ザ・タワー
by 星野リゾート
〈北海道・トマム〉

Tomamu The Tower

●北海道のほぼ中心に位置する滞在型リゾート「星野リゾート　トマム」。リゾナーレトマム（p.98）とともに、エリアの中心にあるのが「トマム ザ・タワー」。この2棟は、夏と冬の森をイメージしデザイン。トマム内の20店舗以上あるレストランやスキー場などの施設との距離も近く、アクティブな滞在を過ごしたい方に最適。

DATA

交通：JRトマム駅から車で約5分
（無料送迎バスあり）／
新千歳空港から車で約100分
住所：北海道勇払郡占冠村字中トマム
料金：1名1泊¥12,200〜
（2名1室利用時、税・サ込、朝食付き）
IN 15:00 OUT 11:00
https://hoshinoresorts.com/ja/hotels/tomamuthetower/

1 夏の外観　**2** 大草原の風が心地よい「ウェルカムコート」　**3**「スタンダードツインルーム」の客室も広々　**4** パウダースノーを堪能できるスキー場は全29コース。初心者から上級者まで楽しめる　**5** 標高1088mにある「霧氷テラス」。氷点下約2〜10度で空気中の水分が木々に付着してきらきらと煌めく現象を見ることができる　**6** 雄大な自然に囲まれた滞在ができるファームエリア。初夏から夏は花でいっぱいに　**7** 秋の外観。紅葉の風景もダイナミック。北海道の四季が楽しめる

青森の
テーマパークとしても楽しめる

青森屋
by 星野リゾート
〈青森・三沢〉

Aomoriya

●「のれそれ青森 〜ひとものがたり〜」をコンセプトに青森の祭りや方言などの文化を満喫できる温泉宿、「青森屋」。"のれそれ"とは青森の方言で「目いっぱい」の意味で、広大な敷地内で豊富なアクティビティとともに青森の文化をまるごと楽しめる。食はもちろん、池に浮かぶ露天風呂や香り豊かなひば湯、サウナなどで温泉三昧も。

DATA

交通：青い森鉄道 三沢駅より徒歩約15分、三沢空港より車で約20分
住所：青森県三沢市字古間木山56
料金：1名1泊¥23,000〜
（2名1室利用時、税・サ込、夕朝食付き）
IN 15:00 **OUT** 12:00
https://www.hoshinoresorts.com/ja/hotels/aomoriya/

1 客室「あずまし」。伝統工芸品で設えている **2** 池を中心に約22万坪と広大な敷地 **3** 湯舟が池に張り出し、水の上に浮かんでいるかのような露天風呂「浮湯」 **4**「青森ねぶたの間」は1室限定 **5** 毎晩上演される「みちのく祭りや」。祭囃子と迫力ある山車の運行が見所 **6**「のれそれ食堂」では青森の郷土料理が並ぶ **7**「青森ねぶたサウナ」では、祭囃子が流れる中、青森ねぶた祭さながらの熱気でととのえて

part4 個性派ホテル 113

四季を通じて美しい
至福の渓流ビュー

奥入瀬
渓流ホテル
by 星野リゾート
〈青森・十和田〉

Oirase Keiryu Hotel

●奥入瀬（おいらせ）渓流は、十和田湖から流れ出る奥入瀬川の上流約14kmを指し、特別保護地区、国指定の天然記念物、特別名勝として指定されている。その国立公園内を流れる奥入瀬渓流沿いに建つ唯一のリゾートホテルが「奥入瀬渓流ホテル」。渓流を望むレストランや温泉、客室などを設え、自然の美しさを感じられる滞在ができる。

DATA

交通：JR八戸駅から車で約90分
住所：青森県十和田市大字奥瀬字栃久保231
料金：1名1泊¥25,100〜
（2名1室利用時、税・サ込、夕朝食付き）
IN 15:00 OUT 12:00
https://hoshinoresorts.com/ja/hotels/oirasekeiryu/

1 樹木と約300種類の苔などの植物やカモシカ、テンなどの動物が生息。渓流沿いに遊歩道が整備され気軽に散策できる 2 岡本太郎作の大暖炉と窓の外の景色が象徴の「ロビー 森の神話」 3 フレンチレストラン「ソヌール（p.124）」ほかの食事も充実 4 「渓流テラス」では5〜10月は朝食が楽しめる 5 「渓流和室 露天風呂テラス付き」。モダンな洋室もある 6・7 紅葉の季節と雪景色はいずれも露天風呂「八重九重の湯」。新緑の美しさも人気

1
2

3

温泉と会津ならではの
文化体験が充実

磐梯山
温泉ホテル
by 星野リゾート
〈福島・会津〉

Bandaisan Onsen Hotel

4

5

6

●日本百名山の一つである磐梯山(ばんだいさん)の麓で、美しく雄大な猪苗代湖を望むリゾートホテル「磐梯山温泉ホテル」。夏は避暑地として、冬はウインタースポーツの拠点として人気。「会津モダン」をコンセプトにして伝統工芸を設えた客室、会津の歴史や文化を取り入れた食事やアクティビティなどが楽しめる。

DATA

交通：JR磐梯町駅より車で約15分(無料送迎バスあり〈要予約〉)／東北自動車道郡山JCT経由磐越道 磐梯河東ICより車で約15分
住所：福島県耶麻郡磐梯町大字更科字清水平6838-68
料金：1名1泊¥16,400〜(2名1室利用時、税・サ込、夕朝食付き)
IN 15:00 **OUT** 11:00(春〜秋)
IN 16:00 **OUT** 14:00(冬)
https://hoshinoresorts.com/ja/hotels/tomamuthetower/

7

1 客室は磐梯山が間近に迫る山側と猪苗代湖ビューの2タイプあるロケーション **2** 冬はホテルの目の前が国内有数の規模を誇るスキー場「星野リゾート ネコママウンテン」に **3**「Books&Cafe」の窓からも絶景 **4** 和のくつろぎと洋の快適さを併せ持つ客室 **5** 民謡「会津磐梯山」の生演奏に合わせて踊る「あいばせ、踊らんしょ」 **6** 室内プールも完備 **7** 地酒を揃えた「会津SAKE Bar」。夜もゆっくり楽しめる

おしゃれな空間で過ごす
高原リゾート

軽井沢ホテル
ブレストンコート

〈長野・軽井沢〉

Karuizawa Hotel
Bleston Court

●人気の「軽井沢高原教会」や温泉や食事処、店舗が楽しい「軽井沢星野エリア」にあるホテル。至福のフレンチがいただける、森の一軒家レストラン「ブレストンコート　ユカワタン」(p.126)もある。客室はすべてデザイン性が際立つ、独立したコテージタイプ。

DATA

交通：JR北陸新幹線軽井沢駅から車で約15分
住所：長野県軽井沢町星野
料金：1名1泊¥18,900〜
（2名1室利用時、税・サ込、朝食付き）
IN 15:00 OUT 12:00
https://www.blestoncourt.com/

1 オープンテラスを設えた「ザ・ラウンジ」。ゆったりしたソファでくつろぎのティータイムを　2「レストラン　ノーワンズレシピ」の朝食はそば粉のクレープと彩り豊かな野菜で　3「軽井沢星野エリア」にある「星野温泉　トンボの湯」の露天風呂　4「軽井沢高原教会」では季節ごとにイベントも開催　5 ショッピングや和洋中の食事処がある「星野エリア」の「ハルニレテラス」は観光客にも人気　6 白が基調の　デザイナーズコテージ　7 森のなかに佇む高原リゾートならではの外観

世界自然遺産の島で
ジャングルリゾート
西表島ホテル
by 星野リゾート
〈沖縄・西表島〉

Iriomote Hotel

●日本最後の秘境といわれ、イリオモテヤマネコの生息地としても有名な西表島（いりおもてじま）は、亜熱帯気候で珊瑚礁の海に囲まれ、その90％はジャングル。そんな大自然に恵まれた「西表島ホテル」は年代を問わずに楽しめる雰囲気とアイデアにあふれた提案をしている。ここだけで体験できるアクティビティにぜひ挑戦を。

DATA
交通：「石垣港離島ターミナル」から「西表島上原港」まで船で約45分、「西表島上原港」から無料送迎バスで約10分
住所：沖縄県八重山郡竹富町上原2-2
料金：1名1泊￥12,000〜
（2名1室利用時、税・サ込）＊予約は2泊〜
IN 15:00　**OUT** 11:00
https://www.hoshinoresorts.com/ja/hotels/iriomote/

1 南国リゾートへと誘うロビー　**2** テラスとデイベッド付きで広々とした「デラックスツイン」
3 ホテル前のマングローブの森の水辺で朝の深呼吸とストレッチ　**4** フルーツいっぱいの朝食ブッフェも好評　**5** シュノーケリングも楽しめる
6 ベテランのガイドさんの案内でジャングルをトレッキングするアクティビティ。装備付きなので安心して参加を　**7** 波はおだやかで、浅瀬なので気軽にサップ体験も。夕日がきれい

ディズニーランド誕生時の
オールドアメリカンな空間

1955 東京ベイ
by 星野リゾート
〈千葉・新浦安〉

1955 Tokyo Bay

●"1955（イチキューゴーゴー）"は最初にディズニーランドが誕生した年にオマージュして命名。「OLDIES GOODIES」をコンセプトに1955年頃のアメリカの世界観を表現。テーマパーク旅をさらに楽しめるように、夜間や早朝でも食事ができるレストランや24時間自由に過ごせるパブリックスペースも完備。

DATA
交通：JR新浦安駅より車で約10分
（無料送迎バスあり〈予約不要〉）
東京ディズニーリゾート®より車で約30分
（無料送迎バスあり〈予約不要〉）
住所：千葉県浦安市日の出7-2-3
料金：1名1泊¥9,000〜
（2名1室利用時1名あたり、税・サ込、食事別）
IN 15:00 OUT 11:00
https://hoshinoresorts.com/ja/hotels/1955tokyobay/

1 外観。テーマパークまでの送迎あり **2** シックなロビー **3** 宿泊者が自由に過ごせるパブリックスペース「2nd Room」は、1950年代のビンテージが設えられ、カーテン付きの半個室もある

ワイキキの中心でのんびり、楽しく滞在

星野リゾート
サーフジャック ハワイ
〈アメリカ・ハワイ・ワイキキ〉

The Surfjack Hotel & Swim Club

●日本人観光客も多いハワイ・オアフ島の中心地、ワイキキにあるブティックホテル。プールもあり、ハワイで活躍するアーティストが手掛けたアートが随所に置かれ、館内は1960年代のレトロでおしゃれな雰囲気。オハナフレンドリーなサービスと地元の人と観光客が一緒に楽しめるプログラムも実施している

DATA
交通：ダニエル・K・イノウエ国際空港より車で約30分
住所：412 Lewers Street Honolulu, HI 96815
料金：1泊$245〜（1室あたり、税込、食事別）
IN 15:00 OUT 12:00
https://surfjack.jp/

1 プールは泳ぐだけでなく、アクティビティを楽しむスペース **2** レトロおしゃれな雰囲気の客室 **3** レストランでは洗練されたハワイの家庭料理を提供。バーカウンターもあり、ティキカクテルが楽しめる

中国有数の風光明媚な
観光地でリゾート滞在

星野リゾート
嘉助天台
〈中国・浙江省台州市〉

Hoshino Resort
KASUKE Tiantai

●中国浙江(せっこう)省・天台山。天台宗発祥の地として知られる中国有数の観光地で美しい山々や古典庭園を望む客室と、中国の南宋文化と日本の四季・美感・おもてなしの心を融合させたサービスが特徴。古き良き中国を彷彿とさせる建物に103の客室、ダイニング、プール、ジム、ライブラリーラウンジを備えている。

DATA
交通：高速鉄道天台山駅から車で約35分
住所：浙江省台州市天台県石梁鎮集云村莲花路1号-10(绿城莲花小镇内)
料金：1泊2,388人民元～
(1室あたり、税・サ込、朝食付き)
IN 15:00 OUT 12:00
https://www.kasuketiantai.com/#/ja/home

1 まるで映画のような天台山瓊台仙谷の絶景 2 ロビーラウンジのテラスから見る風景 3 荘厳な雰囲気のライブラリーラウジ 4 マウンテンタイプからの景色 5 中国料理に日本の四季やおもてなしの心を掛け合わせている 6 室内プール 7 客室は景色を大きく切り取る窓、中国の伝統的なインテリア、落ち着いた照明を配した、くつろぎの空間

part4 個性派ホテル | 119

美食ホテル

DATA
国内5施設(2025年3月現在)
予約電話番号はそれぞれの施設に記載。
宿泊客限定もあります。

あの料理が
いただきたくて選ぶ宿

旅の楽しみといえば、ご当地の食材や
食文化を取り入れた料理を
いただくのを何よりの目的にする方も多いと思います。
星野リゾートのお食事ができる施設では、
それぞれ地域の個性をいかして工夫した料理を楽しめます。
なかでも選りすぐりの料理人の方が腕をふるう、
5施設をここにご紹介します。
そこに行かないと味わえない、一期一会のお食事。
和食、フレンチ、イタリアンをもとに展開されているのは、
まさにそれぞれの料理人ならではの創作料理。
コースで完成される味を心ゆくまで堪能して、
至福の時間を楽しみましょう。

part5 美食ホテル｜121

日本の食文化をフレンチの技法で表現

星のや東京ダイニング
HOSHINOYA Tokyo Dining

メインの「牛」はゆり根とトリュフピュレのソースで。滋賀の郷土料理「鮒(ふな)ずし」の芳醇な旨みをしのばせた、ひと口サイズのハンバーグを添えて

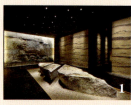

1 地下1階にあるダイニングは地層をイメージした空間 **2** 独創性があふれるメニューに感動。家族と一緒にプライベートで訪れたことも **3** フランス料理の世界で腕を磨いてきた総料理長の岡亮祐氏

●参勤交代の時代から日本の美食が集まってきた東京。日本各地の伝統の郷土料理や旬の食材を自由に掛け合わせ、ドラマチックな日仏融合の品々をディナーコースに。伝統の背景にも思いをめぐらせ、日本の食文化の素晴らしさを再発見できるのも魅力。個性の強い食材同士の"良い塩梅"を見つけた岡亮祐総料理長の世界を堪能できる。

DATA

星のや東京(p.20)
要予約(宿泊者限定) 営業：17:30〜
料金：1名￥33,880(税・サ込)
https://hoshinoresorts.com/ja/hotels/hoshinoyatokyo/sp/nipponcuisine/

冬限定メニュー。手前から蟹(やたら・がん漬け)、鮫鰊(ひめいちと蜜柑の辛子煮 共和え)。ペアリングのワインとともに

冷前菜「鮪」。地元の旬の食材をいかして、ここだけの味わいに

渓流の自然と旬の食材で彩る現代的なフレンチ

ソノール

〈青森・奥入瀬渓流ホテル by 星野リゾート〉

Sonore

メインダイニング。料理にマリアージュするワインも豊富に揃う

ひと口サイズのアミューズ。その後に続く料理への期待が高まる

温前菜「サーモン」。絶妙な火入れをしたサーモン。至福の一品

DATA

奥入瀬渓流ホテル by 星野リゾート(p.114)
要予約(宿泊者限定)
営業：17:30〜
料金：1名¥21,780(税・サ込)
https://hoshinoresorts.com/ja/hotels/oirasekeiryu/

●奥入瀬(おいらせ)渓流の自然の中で、旬の食材を駆使した創作フレンチと選び抜かれた銘醸ワインに出合えるレストラン。コース料理はまず奥入瀬渓流沿いのテラスで食前酒とアミューズを味わう、アペリティフから始まる。その後メインダイニングへ。四季を通じて、異なる景色と感動の美味が好評。

この味にまた出合いたくなる、青森フレンチの真骨頂

繊細に味を重ねていくフレンチの技法を最大限にいかした料理は、季節ごとに旬の食材を使用し、素材の味をいかしながらも、青森らしさを表現しています。青森の生産者を訪れ、より魅力的な食材の開拓に臨む料理長のこだわりがここだけの美食を創出。また、料理とともに世界中から厳選された銘醸ワインも楽しめるのも特徴の一つです。

青森の食材の味を引き出す、総料理長の簑原諒氏

「野菜のレゾナンス」。竹炭入りのパンを削り、野菜の味を楽しむ

森の一軒家で味わう宝石のようなフレンチ
ブレストンコート ユカワタン
〈長野・軽井沢ホテルブレストンコート〉
Bleston Court Yukawatan

メインの「鹿肉のロティ　鹿のジュ」ジビエも華やかなひと皿に。にんじんのピュレ、エディブルフラワー添え

1 料理長の松本博史氏と。コース料理は9〜10品　**2** デザートの「フルール・ショコラ」。ショコラで作ったバラが美しくて感動！

●古典と現代が調和したフランス料理を提供。店名はフランス語で"タン"が時間の意味なので「湯川（軽井沢星野エリア内に流れる川）で過ごす時間」からきている。鯉や、鹿などのジビエを取り入れながらのコース料理はどれも驚きに満ちた、アートのような美しいお皿になって運ばれてくる。おしゃれをして訪れたい。

DATA
軽井沢ホテルブレストンコート（p.116）
要予約
営業：17:30〜
料金：¥30,250/1名様（税・サ込）
ワインペアリング¥13,310〜（税・サ込）
https://yukawatan.blestoncourt.com/

part5 美食ホテル | 127

地元のワインと野菜で楽しむイタリアン

オットセッテ
〈山梨・リゾナーレ八ヶ岳〉
OTTO SETTE

1 クレソンと山梨の郷土料理の煮貝を合わせた「クレソンのジェノベーゼとリングイネ」 **2** 鹿肉をいぶりたくあんの衣で包み、すりだねを加えたソースとともに楽しむ一皿

3 ワインカーヴをイメージしたメインダイニング **4** 野菜や肉など山梨産の食材を知り尽くす、料理長 鎌田匡人氏

●八ヶ岳高原の避暑地に建つ、リゾナーレ八ヶ岳のメインダイニング。コンセプトはイタリア語で「ワインと野菜」を意味する「Vino e Verdura」。山梨とイタリアの「ワイン」、地元の「野菜」にこだわり抜いた料理とのマリアージュが特徴。この土地ならではの洗練されたイタリアンが味わえる。

DATA

リゾナーレ八ヶ岳(p.94)
営業：17:30〜20:15L.O.(要予約)
※愛犬同伴席あり
料金：コース¥18,000（税・サ込）
ワインペアリングコース¥9,500（税・サ込）
https://hoshinoresorts.com/ja/hotels/risonareyatsugatake/

30種類の野菜を使用し、八ヶ岳の野菜畑を表現した前菜「野菜畑」

海のような青い皿に、特産の「車エビのマリネ"KUNUSHINA"の香り」

八重山の島々の特徴的な食材をフレンチ仕立てで
星のや竹富島ダイニング
〈沖縄・星のや竹富島〉

HOSHINOYA
Taketomi Island Dining

1 メインダイニング。ワインも充実のソースが絶妙「Deatsのクネル **2** ディーツのクネルに濃厚なエビ ソースクリュスタッセ」

●沖縄の食材・食文化を大切にしながらフランス料理の技法で表現した8皿のコース料理「島テロワール」を提供。年間平均気温24℃という温暖な気候で育つ島の食材や島にゆかりのあるハーブやスパイスをふんだんに使用、食材が育つ土地の環境特性を指す「島テロワール」を大切にした竹富島オリジナルの味を生み出している。

メインの「島醤油のもろみ粕に漬け込んだ牛フィレ肉のパネ」

3 シャンパンで乾杯！ 4 料理の開発は、島の人との交流からインスピレーションをもらうという、料理長　青木優司氏

竹富島だから味わえる料理です

生命力があってカラフルな野菜、地元で採れるハーブ、沖縄ならではの海の幸や牛肉、豚肉などをアレンジした料理は、見た目も美しく体にもよさそうなものばかり。島のゆったりした時間に包まれながら、食事をしているだけで健康になれそうな気持になります。

　メインを選ぶとき、肉好きの母は迷わずに肉料理を選び、大満足でした。

DATA

星のや竹富島（p.44）
営業：17:30〜　要予約（宿泊者限定）
料金：「島テロワール」コース¥18,150（税・サ込）
https://www.hoshinoresorts.com/ja/hotels/hoshinoyataketomijima/sp/Terroir/

part5 美食ホテル | 131

OMO

おも

DATA
国内16施設（2025年3月現在）
https://hoshinoresorts.com/ja/brands/omo/
OMO予約電話番号
TEL 050-3134-8095

街歩きと出会いを楽しむ「街ナカ」ホテル

観光のハブとなる街に、星野リゾートがつくったホテル「OMO」は、
新しいタイプの都市ホテルです。観光だけでなく、
出張で利用しても、仕事が終わったら
街を知って楽しむことができるという提案が素敵！
その街のことを知りつくしたスタッフは「OMOレンジャー」として、
食事処、見所、その街の歴史など、あらゆる要望のサポートを担当、
頼りになるサービスです。
以前、母と妹が二人で
旭山動物園に行くためにOMO7旭川に滞在、
いろいろ相談にのっていただいて、とても楽しめたそうです。

外国語に対応できるスタッフもいて、
わが家も子どもたちだけで旅行することがあったら
ここを紹介したいなと思っています。

OMOの数字の意味は？
OMO3、OMO5、OMO7など、OMOに付く数字の意味を解説します。

OMO3　気軽なベーシックホテル	OMO7　都市の拠点でフルサービスホテル
・OMO Food & Drink Station	・カフェ / レストラン / バンケット
・ローカルガイドアクティビティ	・ビュッフェスタイルの朝食
・ご近所MAP＆OMOベース	・ローカルガイドアクティビティ
OMO5　ブティックホテル	・ご近所MAP＆OMOベース
・カフェ	**OMO　エアポートホテル**
・カフェスタイルの朝食	・スパ＆フィットネス
・ローカルガイドアクティビティ	・エアポートアクセス
・ご近所MAP＆OMOベース	・エクスプレス・フル・ビュッフェ
	・ご近所MAP＆OMOベース

part6 OMO | 133

● 「なにわラグジュアリー」をテーマに「笑い」と「おせっかい」を取り入れたおもてなしと個性的な施設環境を通して、ちょっと贅沢な旅を提案するOMO7（おも・セブン）大阪。広大なガーデンエリアや大浴場、カフェ＆バル、ダイニング、ライブラリーラウンジを有し、ディープな街ナカ案内も充実。ユニバーサル・スタジオ・ジャパンへのアクセスも便利。

洗練された空間で
大阪らしいおもてなし

OMO7 大阪
by 星野リゾート
〈大阪・新今宮〉

OMO7 Osaka

DATA

交通：JR新今宮駅東出口・南海電鉄新今宮駅北出口の前、大阪メトロ動物園前駅6番出口より徒歩数分
住所：大阪府大阪市浪速区恵美須西3-16-30
料金：1泊1室￥30,000〜（税・サ込、食事別）
IN 15:00 OUT 11:00
https://www.hoshinoresorts.com/ja/hotels/omo7osaka/

1 眼前はJR「新今宮」駅で大阪の下町の中心地 **2** 最大6名まで宿泊できる「いどばたスイート」は、大阪の観光スポットが描かれたボードが印象的 **3** 通天閣やジャンジャン横丁へのガイドツアーも人気 **4** 朝からバータイムまで利用できる、OMOカフェ＆バル **5** 大阪の出汁文化を堪能できるOMOダイニングの朝食イメージ **6** 街ナカ散策に役立つ、ご近所マップは入口近くに

●京都駅新幹線八条口、東寺からも徒歩圏内の立地で京都の人気観光地にはバス一本、大阪や奈良へのアクセスも便利。客室はビジネスホテルタイプながら機能性を重視して設備をコンパクトにし、空間は広々。約1200年前の平安京建都以来、同じ場所に建つ唯一の遺構で、世界遺産の東寺について学び、心癒されるプランが用意されている。

DATA

交通：JR京都駅より徒歩約13分、近鉄 東寺駅より徒歩約2分
住所：京都府京都市南区西九条蔵王町 11-6
料金：1泊1室￥10,000 〜
　（税込、食事別、宿泊税別）
IN 15:00 **OUT** 11:00
https://hoshinoresorts.com/ja/hotels/omo3kyototoji/

1 東寺の正門前。東寺めぐりをスタッフのOMO（おも）レンジャーが案内　2 砂絵が体験できるテーブルが中心のOMOベース　3 エントランス正面の「まんだらアート」。東寺の「立体曼荼羅」をテーマにわかりやすく解説する道しるべ　4 落ち着いた色調で快適な客室　5 東寺で厄除けができるプラン「開運厄よけひとり／ふたり旅」。心身を整えるのに最適　6「OMOベース」でいつでもできる写経体験

世界遺産東寺詣でに最適。
無料ツアーも

OMO3 京都東寺
by 星野リゾート
〈京都・九条〉

OMO3 Kyoto Toji

part6 OMO　135

街ナカ歩きに便利。
Omo caféも併設

OMO5 京都三条
by 星野リゾート
〈京都・三条〉

OMO5 Kyoto Sanjo

●京都の中心で、歴史と現代の街歩きを提案する、OMO5(おも・ファイブ)京都三条。東海道の終着点三条大橋とその周辺で栄えた三条通り、経済発展の礎となった高瀬川が流れるエリア。繁華街の木屋町や先斗町もあり、敷居が高く感じる老舗をOMOレンジャーとめぐる「京都らんまんさんぽ」「京町らんまん老舗さんぽ」なども楽しい。

DATA

交通:京都市営地下鉄 京都市役所前駅から徒歩約3分、京阪 三条京阪駅から徒歩約2分
住所:京都府京都市中京区河原町通三条上る恵比須町434-1
料金:1泊1室¥15,000〜(税込、食事別、宿泊税別)
IN 15:00 **OUT** 11:00
https://hoshinoresorts.com/ja/hotels/omo5kyotosanjo/

1 コンシェルジュも兼ねたフロントは、街ガイドの相談にも対応 **2** スタッフのこだわり、ご近所マップに注目 **3** エントランス正面にはかつての高瀬舟の再現を中心に地元のおすすめ商品を展示 **4** OMOカフェ&バルの朝食。ドリンクとサラダはビュッフェで、メインのリゾットは5種類からセレクト **5** 客室はモダンなインテリアでゆったり **6** 高瀬川の歴史と今をめぐるアクティビティも

キッチン付き
焼きたてパンの朝食も

OMO5 京都祇園
by 星野リゾート
〈京都・祇園〉

OMO5 Kyoto Gion

●華やかな花街がある京都祇園エリアにある八坂神社から徒歩1分、OMO5京都祇園は「今日は祇園ぐらし」がコンセプト。客室の多くはキッチン付きで靴を脱いでくつろぐ和の空間。寺や神社、ショッピングで歩き回って疲れたら部屋に戻ってお茶をしたり、京都ならではの"仕出し"で食事を注文していただくことが可能。

DATA

交通：京阪本線 祇園四条駅から徒歩約6分
住所：京都府京都市東山区四条通
大和大路東入祇園町北側288
料金：1泊1室¥40,000〜（税込、食事別、宿泊税別）
IN 15:00 **OUT** 11:00
https://www.hoshinoresorts.com/ja/hotels/omo5kyotogion/

1・2 OMOレンジャーがお抹茶を点てもてなす「夜のおも茶話会」（無料） 3 「おへやベーカリーセット」を予約すると、焼きたてパンの朝食が楽しめる 4 神社や見所も充実した、ご近所マップ 5 「茶の間ツイン キッチン付き」は定員4名 6 OMOベースにある屋台をイメージしたカウンター

OMO7 旭川
〈北海道・旭川〉

富良野、美瑛、旭山動物園への拠点に便利

●観光、スキーに最適な立地。ラーメンやジンギスカンなど旭川のローカルグルメもマップやツアーで案内。客室は明るくパステル調。

交通：JR旭川駅北口より徒歩約13分
住所：北海道旭川市6条通9丁目
料金：1泊1室￥25,000〜（税・サ込、食事別）
IN 15:00 OUT 11:00
https://hoshinoresorts.com/ja/hotels/omo7asahikawa/

OMO5 小樽
〈北海道・小樽〉

レトロな港町で運河クルーズやグルメを満喫

●小樽市指定歴史的建造物（旧小樽商工会議所）を改装した館内。朝食やナイトラウンジ、客室もモダンレトロな空間での滞在が楽しめる。

交通：JR小樽駅より徒歩約9分
住所：北海道小樽市色内1丁目6-31
料金：1泊1室￥16,000〜（税込、食事別）
IN 15:00 OUT 11:00
https://hoshinoresorts.com/ja/hotels/omo5otaru/

OMO5 函館
〈北海道・函館〉

無料周遊バス、源泉かけ流し温泉、楽しみは無限大

●観光スポット満載の函館を味わい尽くせるサービスが豊富。カフェ＆バルやダイニングも備え、街だけでなく館内の魅力にも注目の宿。

交通：JR函館駅より徒歩約5分
住所：北海道函館市若松町24番1
料金：1泊1室￥31,000〜
（税込、朝食付、入湯税別）
IN 15:00 OUT 11:00
https://hoshinoresorts.com/ja/hotels/omo5hakodate/

OMO5 金沢片町
〈石川・金沢〉

伝統文化と歴史、金沢グルメを味わい尽くす旅に

●客室はひとり旅からグループ旅行まで対応。ご近所の食や伝統工芸をめぐる散歩や、金沢21世紀美術館のお散歩ツアーも。

交通：JR金沢駅から車で10分、バスで「香林坊」停より徒歩約4分
住所：石川県金沢市片町1-4-23
料金：1泊1室￥16,000〜（税込、食事別）
＊金沢市宿泊税が掛かる場合あり
IN 15:00 OUT 11:00
https://hoshinoresorts.com/ja/hotels/omo5kanazawakatamachi/

OMO5 東京大塚
〈東京・豊島区〉

商店街や都電、昔ながらの東京を感じる滞在

●カフェ＆バルや狭い空間が広々感じる現代の和を表現した客室でくつろげる。ディープな大塚の街ガイドは東京在住者にも新鮮で好評。

交通：JR大塚駅、都電 大塚駅前駅から徒歩約1分
住所：東京都豊島区北大塚2-26-1
料金：1泊1室￥25,000〜（税込、食事別）
IN 15:00 OUT 11:00
https://hoshinoresorts.com/ja/hotels/omo5tokyootsuka/

OMO5 東京五反田
〈東京・品川区〉

高層ホテルで東京を一望五反田グルメも

●五反田JPビルディングの高層階に位置し、空中庭園やカフェ＆バルもあり、「夜景とご馳走のパラダイス」をテーマにグルメ案内も。

交通：JR・都営浅草線五反田駅から徒歩約6分
住所：東京都品川区西五反田8-4-13
料金：1泊1室￥32,000〜（税込、食事別）
IN 15:00 OUT 11:00
https://hoshinoresorts.com/ja/hotels/omo5tokyogotanda/

OMO3 浅草
〈東京・台東区〉

浅草寺などの下町観光めぐり、落語観賞を楽しむ

●国内外の観光客であふれる街をさらに楽しむための体験を提案。24時間セルフサービスで飲み物や食べ物を購入できるスペースも完備。

交通：東京メトロ・都営浅草線・東武 浅草駅から徒歩約4分
住所：東京都台東区花川戸1-15-5
料金：1泊1室 ¥26,000〜（税込、食事別）
IN 15:00 OUT 11:00
https://hoshinoresorts.com/ja/hotels/omo3asakusa/

OMO3 東京赤坂
〈東京・港区〉

東京の一等地で知る人ぞ知る街の魅力を発見！

●著名人や文化人、政治家の社交の場、赤坂の食事処やおみやげ店を案内、早朝ツアーや散歩ガイドも。旅の目的別に応じた客室を完備。

交通：東京メトロ 赤坂見附駅10番出口より徒歩約3分、東京メトロ千代田線赤坂駅1番出口より徒歩約3分
住所：東京都港区赤坂4-3-2
料金：1泊1室 ¥23,000〜（税込、食事別）
IN 15:00 OUT 11:00
https://hoshinoresorts.com/ja/hotels/omo3tokyoakasaka/

OMO 関西空港
〈大阪・泉佐野〉

旅の出発前後も楽しくなる！エアポートホテル

●ご近所マップやワークスペースがあるOMOベースが1階と2階に。サウナ・半露天風呂付きの大浴場、朝食と夕食のダイニングも。

交通：JR・南海空港線 りんくうタウン駅5番出口より徒歩約1分
住所：大阪府泉佐野市りんくう往来北1-833
料金：1泊1室 ¥16,000〜（税込、食事別）
IN 15:00 OUT 11:00
https://hoshinoresorts.com/ja/hotels/omokansaiairport/

OMO7 高知
〈高知・高知〉

よさこい祭りや土佐のおもてなし、宴会文化を体験

●ディープなご近所マップから、郷土料理のビュッフェダイニングや露天風呂付き大浴場も完備。「よさこい楽宴LIVE」は毎晩開催。

交通：JR高知駅より車で約5分、路面電車 菜園場町駅より徒歩約4分
住所：高知県高知市九反田9-15
料金：1泊1室 ¥36,000〜（税込、食事別）
IN 15:00 OUT 11:00
https://hoshinoresorts.com/ja/hotels/omo7kochi/

OMO5 熊本
〈熊本・熊本〉

熊本城の城下町で新しいもの好きの"わさもん"を感じて

●徒歩圏内に100軒以上のバーがある街、その楽しみ方は館内館外どちらでも体験できる。熊本城が一望できるカフェテラスも快適。

交通：JR熊本駅より車で約15分、空港リムジンバス「通町筋」停より徒歩約1分
住所：熊本県熊本市中央区手取本町5-1
料金：1泊1室 ¥18,000〜（税込、食事別）
IN 15:00 OUT 11:00
https://hoshinoresorts.com/ja/hotels/omo5kumamoto/

OMO5 沖縄那覇
〈沖縄・那覇〉

首里城エリアや牧志公設市場、国際通りを探索

●琉球王朝時代から今に受け継がれる那覇文化に触れる旅を提供。市場ツアーや首里城講座、夜は泡盛セットもあるカフェ＆バルも。

交通：ゆいレール 県庁前駅から徒歩約6分、那覇空港から車で約8分
住所：沖縄県那覇市松山1-3-16
料金：1泊1室 ¥16,000〜（税込、食事別）
IN 15:00 OUT 11:00
https://hoshinoresorts.com/ja/hotels/omo5okinawanaha/

界 遠州(p.78)近くの浜名湖で。その大きさと透明度の高さに感動

あとがき

　私の親しい友人は自ら"星のやLover"と言っております。

　私が取材で訪れる前にすでに新しくできた場所には家族で訪れているという強者(つわもの)!!

　各施設のコンセプトが全く違い、だからどこに行っても楽しいのですが、なんといっても施設のスタッフの心遣いが素晴らしいのです。

　私も母や家族とプライベートで訪れた時に、あれやこれや相談をさせていただきました。フランス人の友人たちにもすすめています。

　小さい子どもたちを連れて、あるいは高齢の両親を連れて旅行をするとき…、思うようにいかないことやご迷惑になるのでは？と心配になることありませんか？

　美しく清潔なホテル、おいしい食事、素晴らしい景色などに心を揺さぶられますが、何といっても滞在先のスタッフの方々の言葉や動き一つですべてが変わってしまいます。

　昨夏、母と次女と10年ぶりに訪れた"星のや軽井沢"では、いろいろなことが重なり疲れていた母にスタッフの方が常に心を配ってくださり、チェックアウト時に母は施設のスタッフの皆さんの優しさに感動して泣き出してしまいました。

　「よかったね、とてもよくしていただけて」

　1泊2日の非日常が、さらに特別なものになった瞬間。

　皆さまにも、そんな特別な瞬間をたくさん、体験していただきたいです。

　"星野リゾート"未体験の方は、まずはどこに行ってみたいですか？

　"星のやLover"の方は、どこにまた行ってみたいですか？

　皆さまの旅が美しく充実したものとなりますように!!

2025年3月　中村江里子

都道府県別の施設INDEX

※都道府県内の施設はあいうえお順（2025年4月1日掲載時）

北海道

OMO7旭川	138
OMO5函館	138
OMO5小樽	138
界 ポロト	62
トマム ザ・タワー	112
リゾナーレトマム	98

青森

青森屋	113
奥入瀬渓流ホテル	114
界 津軽	64
ソノール〈奥入瀬渓流ホテル〉	124

宮城

界 秋保	65

福島

磐梯山温泉ホテル	115

栃木

界 鬼怒川	66
リゾナーレ那須	100

千葉

1955 東京ベイ	118

東京

OMO3浅草	139
OMO3東京赤坂	139
OMO5東京大塚	138
OMO5東京五反田	138
星のや東京	20
星のや東京ダイニング	122

神奈川

界 仙石原	75
界 箱根	74

長野

界 アルプス	67
界 松本	68
軽井沢ホテルブレストンコート	116
ブレストンコート ユカワタン〈軽井沢ホテルブレストンコート〉	126
星のや軽井沢	14

山梨

オットセッテ〈リゾナーレ八ヶ岳〉	128
星のや富士	26
リゾナーレ八ヶ岳	94

静岡

界 アンジン	76
界 伊東	77
界 遠州	78
リゾナーレ熱海	102

岐阜

界 奥飛騨 70

石川

OMO5金沢片町 138
界 加賀 72

京都

OMO3京都東寺 135
OMO5京都祇園 137
OMO5京都三条 136
星のや京都 32

大阪

OMO関西空港 139
OMO7大阪 134
リゾナーレ大阪 106

山口

界 長門 82

島根

界 出雲 81
界 玉造 80

高知

OMO7高知 139

大分

界 阿蘇 86
界 別府 84

界 由布院 85

鹿児島

界 霧島 87

熊本

OMO5熊本 139

長崎

界 雲仙 83

沖縄

西表島ホテル 117
OMO5沖縄那覇 139
星のや沖縄 38
星のや竹富島 44
星のや竹富島ダイニング 130
リゾナーレ小浜島 104

その他（海外）

星のやグーグァン〈台湾〉 50
星のやバリ〈インドネシア〉 54
嘉助天台〈中国〉 119
サーフジャック ハワイ〈アメリカ〉 118
リゾナーレグアム〈アメリカ〉 107

中村江里子 Eriko Barthes
エリコ・バルト

1969年東京生まれ。フジテレビのアナウンサーを経て、フリー・アナウンサーとなる。
2001年にシャルル・エドワード・バルト氏（化粧品会社経営）と結婚し、生活の拠点をパリに移す。3人の子どもの母親でもある。パリと東京を往復しながら、テレビや雑誌、執筆、イベントなどで幅広く活躍中。Instagramのフォロワーは約25万人（2025年3月現在）、著書も多数。2014年からパーソナル・ムック『セゾン・ド・エリコ』を刊行。

装丁・デザイン　野澤享子 (Permanent Yellow Orange)
撮影　寺岡みゆき、山川修一、大道雪代、
　　　武田正彦、林 紘輝
DTP制作　伏田光宏 (F's Factory)
校正　植嶋朝子
編集協力　垣内 栄
編集　坂口明子
Special thanks　髙場実乃、星野リゾート

※この本は『セゾン・ド・エリコ』
Vo.1（2014年10月発行）〜Vol.19（2024年9月発行）掲載の
連載企画を再編集し、加筆構成したものです。

次、どこ行く？
星野リゾートをめぐる母娘旅

発行日　2025年4月17日　初版第1刷発行

著者　　　中村江里子
発行者　　秋尾弘史
発行所　　株式会社 扶桑社
　　　　　〒105-8070
　　　　　東京都港区海岸1-2-20
　　　　　汐留ビルディング
　　　　　電話 03-5843-8582（編集）
　　　　　　　 03-5843-8143（メールセンター）
　　　　　www.fusosha.co.jp
印刷・製本　TOPPAN株式会社

定価はカバーに表示してあります。

造本には十分注意しておりますが、落丁・乱丁（本のページの抜け落ちや順序の間違い）の場合は、小社メールセンター宛にお送りください。送料は小社負担でお取り替えいたします（古書店で購入したものについては、お取り替えできません）。

なお、本書のコピー、スキャン、デジタル化等の無断複製は著作権法上の例外を除き禁じられています。本書を代行業者等の第三者に依頼してスキャンやデジタル化することは、たとえ個人や家庭内での利用でも著作権法違反です。

©Eriko Nakamura 2025　Printed in Japan
ISBN 978-4-594-09943-5